CCC 순모임 교재 : 크루닷컴3

CRU.COM 3

삶은 헌신으로 성숙해진다

CRU.COMM 3 _헌신

2008년 1월 1일 초판 1쇄 발행
2017년 10월 18일 개정판 1쇄 발행
2024년 10월 4일 개정판 5쇄 발행

지은이 : CCC MRD
펴낸곳 : 순출판사
편집디자인 : 정지연(MediaStint 9th)
표지디자인 : 김혜령(VLM)
일러스트 : 정지연

등록번호 : 제 2020-000159호

주소 : 서울시 종로구 백석동 1가길 2-8
전화 : 02-722-6931~2 팩스 02-722-6933
홈페이지 : www.soonbook.co.kr

ISBN 978-89-389-0318-1

값 5,000원

삶은 헌신으로 성숙해진다

발간사

지금 우리가 살고 있는 세상은 상상할 수 없을 만큼 빠르게 변하고 있습니다. 그리스의 변혁의 철학자 헤라클리투스(Heraclitus)는 "어느 누구도 같은 강물에 발을 두 번 담글 수 없다. 두 번째 발을 담글 때는 처음 물이 이미 흘러가버렸기 때문이다"라고 말했습니다. 이 말은 우리 시대의 크고 빠른 변화 속에서 더욱 의미심장하게 들립니다. 세상을 이끌어나가고 변화시켜야 할 사명을 가진 그리스도인들이 변화를 주도하고 세상을 이끌기보다는 도리어 세상의 빠른 변화를 따라가지 못해 허우적거리고 있는 것은 아닌가 하는 안타까움을 가집니다.

변화는 우리가 지금 하고 있는 모든 것을 돌아보고 평가하게 합니다. 하나님의 말씀은 영원불변하지만 말씀이 제시되는 방법은 시대와 문화와 사람들의 필요에 따라 변해야 합니다. 영원히 변치 않는 말씀이라도 시대에 맞는 새로운 옷을 입는 것이 필요합니다.

세상의 변화와 도전에 대응해 온 CCC는 이번에 성경 본문에 근거해 성경을 공부할 수 있는 새로운 순모임 교재를 만들었습니다. 이 성경공부 교재는 이전의 주제 중심의 교재와는 달리 신앙 성장의 주요 주제를 따라가지만 성경 본문을 중심으로 공부할 수 있도록 만들어 통합적 접근을 하고 있습니다. 또한 함께 공부하는 사람들이 서로 생각을 나누고 토의하고 배운 것을 각자의 삶에 적용하게 함으로 교수자 중심에서 학습자 중심으로 바뀌었습니다.

앨빈 토플러(Alvin Toffler)가 지적한 대로 지금은 "탈대중화"(Demassification)

시대로 전환되고 있습니다. 이런 흐름이 교회에 어떻게 적용될지 예측하기는 어렵지만, 분명한 것은 모든 것이 첨단화되고 정보화되는 하이테크(High-Tech)시대에 사람 사는 냄새가 나고 마음과 마음이 통하며 나의 아픔과 기쁨을 함께 나누고 무거운 짐은 같이 들어주는 하이터치(High-Touch)의 소규모 모임들이 앞으로 더욱 발전하지 않을까 예상해봅니다.

사실, 교회와 선교단체 안에 이미 셀, 순, 속회, 목장, 구역, 다락방 등의 작은 모임들이 세포처럼 형성되어 있습니다. CCC에도 "순"이라는 소그룹이 전국 각 대학에 형성되어 있어 저희가 지향하는 영적 운동의 기초가 되고 있습니다. 이런 작은 모임들의 건강한 성장과 확산이 하나님 나라를 위한 영적 운동의 뿌리라면, 이 그룹들이 하나님의 말씀으로 무장하여 이 땅에 하나님 나라가 임하게 하는 일에 헌신하도록 도와주어야 합니다.

이 성경공부 교재를 사용하는 교회와 선교단체의 모든 소그룹들이 하나님의 말씀을 깊이 깨닫고 이를 각자의 삶에 적용할 뿐 아니라 서로 신뢰하고 사랑하며 삶과 사역을 함께 나누므로 지성과 영성은 물론 원만한 인격과 건강한 대인관계를 배우는 영적 훈련의 장이 되기를 소원합니다. 또한 소그룹에 참여한 사람들이 다른 사람들의 삶을 변화시키며 나아가 세상을 변화시키는 귀한 일군들이 되기를 소원합니다.

CCC 대표
박성민 목사

CRU.COMM
개정판

Cru.Comm(크루닷컴)은 미국 CCC의 학원 사역팀에서 개발한 청년 소그룹 성경공부 교재이다. 이 교재는 대학생들이 캠퍼스 생활을 하는 4년 동안 기본적으로 배우고 알아야 할 신앙의 영역들을 정리하고, 그 영역과 관련된 주제를 다루는 성경을 선택했다. 주제와 함께 성경 본문의 내용을 충실히 공부할 수 있도록 구성함으로 주제와 본문 중심의 통합적 성경연구 교재이다.

한국 CCC는 이 교재를 전도, 육성, 파송의 단계별로 『예수님과의 만남』, 『예수님과의 동행』, 『예수님께의 헌신』, 『예수님을 섬김』의 4권으로 구성해 2007년 시험판, 2008년 초판을 발행하여 사용해 왔다. 이번 2016년 개정판은 한국 대학생들의 변화된 상황을 고려해 더 쉽고 간결하게 본문과 주제를 다룰 수 있도록 보강하여 『삶은 만남으로 시작한다』, 『삶은 동행으로 힘을 얻는다』, 『삶은 헌신으로 성숙해진다』, 『삶은 섬김으로 풍성해진다』는 제목으로 발행하게 되었다.

Cru.Comm은 CCC 내의 소그룹 모임(순모임)은 물론 교회나 선교단체, 각종 기독교 동아리 등의 청년 대학생 성경공부 모임에 유용하게 사용할 수 있다. 이 교재는 청년들이 말씀을 통한 신앙의 성숙은 물론 실제 삶 속에서 주님의 제자로 살아갈 수 있도록 도울 것이다.

Cru.Comm은 Crusade Communities의 줄임말이다.

CRU.COMM 교재의 장점

1. 성경 한 권 전체를 조망해서 특정 주제를 공부함으로 그 주제는 물론 성경을 입체적이고 종합적으로 이해할 수 있다.
2. 각 과의 내용은 참여자들의 생각과 의견을 충분히 반영할 수 있는 열린 질문을 통해 학습자 중심으로 성경을 공부하게 한다.
3. 성경 공부에서 배운 원리들을 삶에서 실천할 수 있도록 적용 질문을 두어 구체적인 삶의 변화가 일어나게 한다.
4. 각 과의 아티클은 그 과의 주제를 더 깊이 깨닫고 관련된 영역의 지식을 깊게 한다.
5. 하나님의 말씀을 삶의 근간으로 하는 성령 충만한 청년 대학생을 키워냄으로 캠퍼스와 직장에서 영적 운동을 일으키며 지상명령 성취를 돕는다.

CRU.COMM 단계별 소개

만남

그리스도를 만난 사람이 구원의 확신을 가진 후, 그리스도인의 성장에 필요한 기본 영역들을 배우고 훈련한다.

동행

지속적으로 하나님과 동행하며 제자로서 성장하기 위해 필요한 자질을 배우고, 다른 사람들에게 자신의 신앙을 전하며 제자들을 육성한다.

헌신

공동체의 리더로서 필요한 자질을 배우며 성경 속에 나타난 하나님의 구속 계획을 이해하여 구속 역사 속에서 자신의 역할이 무엇인지 깨닫고 헌신한다.

섬김

그리스도의 제자로 세상에 파송되어 자신의 전문 영역 속에서 세상을 변화시키는 일에 헌신함으로 지속적으로 지상명령 성취를 돕는다.

목차

	느헤미야 개관	10
01	느헤미야의 기도와 사명 발견	17
	Article 01 비전 없는 민족은 망한다	23
02	느헤미야의 계획과 실행	31
	Article 02 계획의 청지기직	37
03	외부의 방해와 극복	43
	Article 03 느헤미야의 방어 전략	49
04	내부의 갈등과 해결	55
	Article 04 영적 리더십	60
05	말씀을 통한 영적 재건	69
	Article 05 부흥의 불길	76
06	예배의 회복을 통한 영적 재건	85
	Article 06 성전의 역사와 의미	90
07	지속적인 개혁을 위한 느헤미야의 헌신	95
	Article 07 변화는 계속되어야 한다	100

미션 임파서블 개관 104

08 아브라함: 구원계획의 시작 109
Article 08 하나님의 구원계획 1 114

09 요나: 사명을 망각한 이스라엘 121
Article 09 하나님의 구원계획 2 126

10 예수 그리스도: 제자들을 세우심 133
Article 10 하나님의 구원계획 3 139

11 사도들: 지속되는 구원계획 145
Article 11 하나님의 구원계획 4 151

12 우리: 복음의 마지막 주자 159
Article 12 하나님의 구원계획 5 164

느헤미야 개관

배경 | 이스라엘은 솔로몬의 아들 르호보암 시대에 남유다와 북이스라엘로 나뉘진다(B.C. 930년). 북이스라엘은 거듭된 죄악으로 B.C. 722년에 앗시리아(앗수르)의 침략을 받아 멸망하면서 민족의 정체성을 잃고 흩어지게 된다. 136년 후에 남유다도 바벨론에게 멸망을 당하고 백성들은 포로로 끌려간다(B.C. 586년). 바벨론이 페르시아(바사)에게 점령당하면서 바벨론의 포로로 있던 유다 백성들은 페르시아에 속하게 된다. 페르시아의 초대 왕 고레스(Cyrus)는 왕국을 세우면서 여러 민족의 포로들이 고국으로 돌아갈 수 있도록 했고 이때 유다 백성들도 유다 땅으로 귀환한다

[시대별로 본 구약 역사]

창조/족장시대	출애굽시대	정복시대	사사시대	통일왕국
창세기	출애굽기 ~신명기	여호수아	사사기	사무엘상~ 역대하

[이스라엘의 멸망과 포로귀환]

연도 (B.C.)	930년	722년
사건	이스라엘 분열	북이스라엘 멸망
관련 성경구절	열왕기상 12장	열왕기하 17장
주변 국가		바벨론 제국에 의해 앗시리아 멸망 (612년)

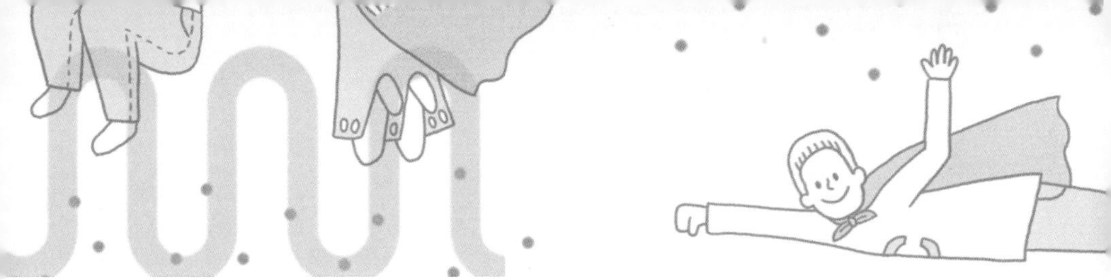

(스 1:1~4).

유다 백성들의 귀환은 3차에 걸쳐 이루어진다. 스룹바벨과 함께 1차로 귀환(B.C. 536년)한 백성들이 예루살렘에 도착해 가장 먼저 한 일은 성전을 재건하는 일이었다. 성전 재건은 주변의 사마리아인들의 방해로 16년간 중단되었으나(스 4:1~6) 학개와 스가랴 선지자의 격려로 B.C. 516년에 마침내 완공된다(스 6:13~15). 성전이 파괴된 지 약 70년만의 일이었다(렘 29:10; 슥 1:12). 1차 포로귀환이 있은 지 약 80년 후에 에스라에 의해 2차 귀환(B.C. 458년)이 이루어지는데 에스라는 귀환한 백성들의 영적 개혁에

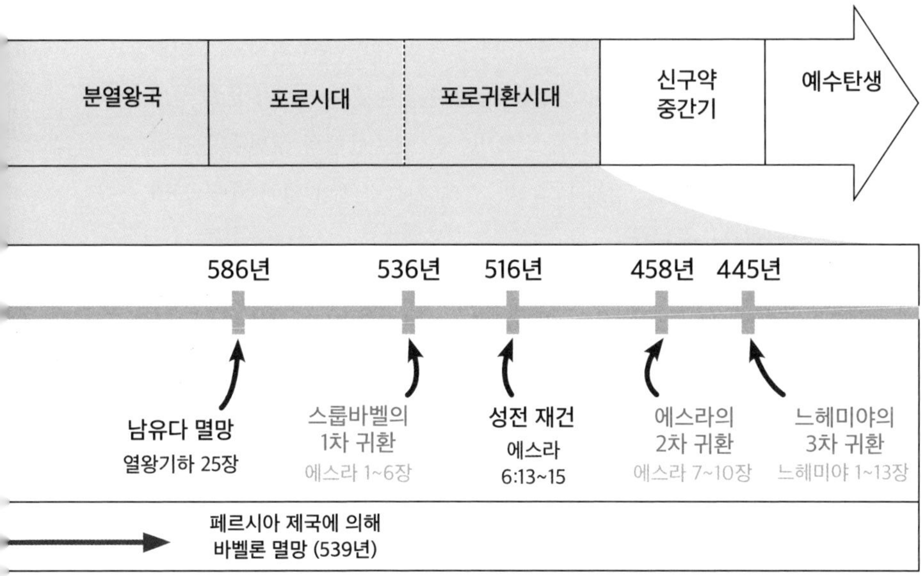

힘쓴다. 그리고 3차 귀환은 13년 후에 느헤미야에 의해 이루어진다(B.C. 445년). 당시 성전은 완성된 상태였으나 예루살렘 성벽은 여전히 무너져 있었다. 느헤미야는 예루살렘의 성벽과 성읍을 재건한 후(느 1~7장) 에스라와 함께 이스라엘의 영적 개혁을 일으킨다(느 8~13장).

기록 목적

느헤미야서는 페르시아의 술관원이었던 느헤미야가 하나님의 은혜로 예루살렘에 돌아와 유다 백성과 함께 외부의 방해와 내부의 어려움에도 불구하고 무너진 성벽을 재건하는 일을 기록하고 있다. 또한 성벽을 완성한 유다 백성들이 율법을 통해 자신들의 죄를 돌아보고 언약 백성답게 살기 위해 영적 개혁을 일으키는 내용이 담겨있다. 느헤미야서는 유다 백성들이 하나님께서 이스라

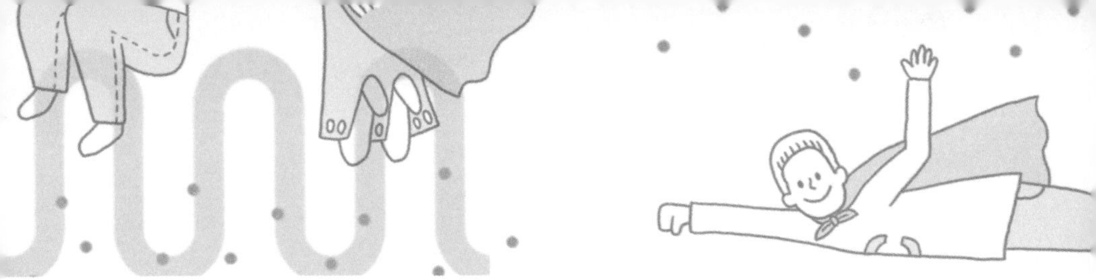

엘에게 베푸신 큰 은혜를 기억하며 지속적으로 율법을 준수하는 거룩한 삶을 살도록 촉구하기 위해 기록되었다.

핵심 주제

첫째, 하나님은 온 세상의 왕이며 역사의 주관자이시다. 느헤미야가 예루살렘의 상황을 듣고 기도했을 때 하나님은 페르시아 왕의 마음을 움직이셔서 느헤미야가 예루살렘으로 돌아가 성벽을 재건하게 하셨다.

둘째, 사명을 이루는 일에는 어려움이 있지만 기도와 믿음으로 이겨낼 수 있다. 느헤미야가 사명을 이루기 위해 예루살렘으로 가서 성벽을 재건할 때 외부의 방해와 내부의 어려움이 있었다. 하지만 느헤미야는 기도와 하나님을 향한 신뢰로 어려움을 극복하고 성벽을 재건했다.

셋째, 지도자의 헌신은 공동체의 헌신을 이끌어낸다. 느헤미야는 성벽 재건을 위해 목숨을 걸고 왕의 허락을 구했고, 성벽을 건축하면서 총독의 녹을 받지 않고 자신의 재산으로 백성들을 섬겼다. 이런 느헤미야의 헌신은 백성들이 자발적으로 성벽 재건에 참여하고 언약 백성의 삶을 살도록 이끌었다.

넷째, 하나님의 백성은 세상과 구별된 삶을 위해 지속적으로 영적 개혁을 해야 한다. 백성들은 율법을 통해 자신들의 죄를 깨닫고 세상과 구별되기 위한 헌신 서약을 했다. 그러나 시간이 얼마 지나지 않아 개혁 이전의 모습으로 돌아갔고 느헤미야는 다시 백성들을 개혁해야 했다.

구조

I. 예루살렘 성벽 재건(1~7장)

1. 예루살렘 귀환 배경(1장)
2. 성벽 재건 준비와 진행(2~3장)
3. 성벽 재건의 내·외적 방해(4~6장)
4. 예루살렘 성 관리를 위한 인구조사(7장)

II. 이스라엘의 영적 재건(8~13장)

1. 말씀을 통한 회개와 언약 갱신(8~10장)
2. 예루살렘에 살게 된 사람들(11장)
3. 제사장, 레위인의 명단과 성벽 봉헌식(12장)
4. 백성들의 범죄와 지속적인 개혁(13장)

BUILDING SPIRITUAL MOVEMENTS EVERYWHERE

01

느헤미야의 기도와 사명 발견

(느헤미야 1장)

비전과 사명은 기도하는 가운데 발견된다.
이 과에서는 느헤미야가
기도를 통해 비전과 사명을 발견하여
영적 리더로 세워지는 과정을 살펴보게 된다.

도입 | 당신이 속한 공동체에 최근에 일어난 어려운 일은 무엇이며 당신은 그 일에 어떻게 반응했는가?

예루살렘의 소식을 들은 느헤미야

1. 느헤미야는 유다에서 온 하나니에게 무엇을 물었는가? 이것을 통해 느헤미야에 대해 알 수 있는 것은 무엇인가? (1~2, 11절)

* 수산(1절): 페르시아 아닥사스다 왕 때의 수도로, 수산궁은 왕이 겨울에 머물던 별장이다.
* 술 관원(11절): 왕이 마시는 술을 관할하며 왕에게 직접 술을 따르는 고위 관직이다. 그들은 왕의 신뢰를 받아 왕에게 드려지는 음식을 검사하고 침실을 관리하며 경호하는 일을 했다. 때로는 왕에게 사적인 대화와 조언을 하기도 했다.

2. 느헤미야는 예루살렘에 대해 어떤 소식을 들었으며 그 소식을 듣고 여러 날 동안 울며 금식한 이유는 무엇이라고 생각하는가? (3~4절)

예루살렘 성벽의 중요성

성벽은 외부의 침입으로부터 성읍을 보호하는 역할을 하기 때문에 성벽 없는 성은 제 기능을 할 수 없었다. 특별히 예루살렘 성은 하나님의 성전이 있는 곳으로 성벽은 성읍뿐만 아니라 성전을 보호하는 기능도 가지고 있었다. 성전은 유다 백성들에게 하나님의 임재의 상징으로 유다 백성들이 하나님의 백성으로서 정체성을 갖고 살아가게 하는 구심점의 역할을 했다. 성전에서 드려지는 제사는 유다 백성들이 지속적으로 율법을 준수하며 하나님을 섬기는 삶을 살도록 도왔다. 예루살렘 성벽은 유다 백성들이 성전 중심의 삶을 살면서 세속적(이방적) 문화와 분리되는 삶을 살게 하는 최소한의 안전장치였다. 따라서 느헤미야는 예루살렘 성벽을 재건함으로 유다 백성들의 안전과 영적인 회복을 기대했다.

느헤미야의 기도

3. 느헤미야의 기도를 볼 때 그는 하나님을 어떤 분으로 보고 있는가? (5절)

***하나님과 이스라엘 백성의 언약**

하나님은 아브라함을 택하셔서 그와 그의 후손과 언약을 맺으셨고 출애굽한 후에는 모세를 통해서 이스라엘과 언약을 맺으셨다. 언약의 내용은 하나님은 이스라엘을 절대적으로 보호하고 인도하시는 이스라엘의 하나님이 되고, 이스라엘은 하나님의 율법에 순종하는 거룩한 백성이 되기로 한 것이다(출 19:5~6). 그러나 이스라엘은 하나님과의 언약을 어기고 율법에 불순종함으로 바벨론에게 멸망하고 포로로 잡혀갔다. 그럼에도 하나님은 예레미야를 통해 약속하신 대로 70년 만에 이스라엘 백성들을 포로에서 귀환하게 하셨다(렘 29:10).

***긍휼(5절)**

히브리어 '헤세드'를 번역한 것으로 하나님께서 언약의 대상에게 특별히 베푸시는 사랑을 말한다. 한글 성경에는 은혜, 인자, 사랑, 자비, 긍휼 등으로 번역되었다.

4. 느헤미야는 이스라엘이 멸망하고 흩어져 지금까지 고통을 받는 원인이 무엇이라고 생각하는가? (6~8절; 참고 신 28:58~68)

5. 느헤미야는 이스라엘을 위해 간구한다. 간구의 내용은 무엇인가? (8~11절; 참고 신 30:1~10)

기도를 통해 발견한 느헤미야의 비전과 사명

"오늘 종이 형통하여 이 사람 앞에서 은혜를 입게 하옵소서"(11절)라는 기도는 느헤미야가 수개월 동안 기도한 내용의 결론인 듯하다. 느헤미야는 기도를 통해 발견한 사명을 실행하기로 결심하고 아닥사스다 왕에게 나아갈 때 호의를 얻도록 하나님께 간구한다.

느헤미야가 예루살렘 소식을 들은 것은 기슬르월(유대력 9월, 1:1)이고 왕 앞에 나아가 성벽 재건에 대해 이야기 한 것은 니산월(유대력 1월, 2:1)로 4개월이 지난 시간이다. 느헤미야는 하나님의 능력과 신실함과 긍휼을 의지하여 지속적으로 기도하는 가운데 예루살렘의 회복에 대한 비전을 발견하고 이를 위해 성벽을 건축하는 것이 자신의 사명임을 깨닫게 되었다. 그가 2:12에서 성벽 건축에 대해 "내 하나님께서 예루살렘을 위해 무엇을 할 것인지 내 마음에 주신 것"이라고 말하는 것을 볼 때 하나님이 느헤미야에게 이러한 비전과 사명을 주셨음을 알 수 있다. 느헤미야는 이 비전과 사명에 헌신하며 영적 리더로 준비된다.

* 비전: 자신이 속한 시대에 하나님이 이루시고자 하는 것을 바라보는 것이다.
* 사명: 그 비전을 이루기 위해 하나님께서 나에게 맡기신 일이다.

6. 느헤미야가 예루살렘 소식을 들은 후 사명을 발견하기까지 어떤 과정이 있었는가? 이를 통해 그리스도인의 사명 발견에 대해 무엇을 알 수 있는가?

적용 | 느헤미야의 사명 발견은 예루살렘에 대한 소식을 듣고 슬퍼하며 기도하는 것으로부터 시작되었다. 당신이 속한 공동체와 세상을 바라볼 때 지속적으로 안타깝게 느껴지는 것은 무엇인가? 그것을 위해 어떻게 기도할지 기도의 내용을 적어보고 기도하라.

결론 | 느헤미야는 예루살렘 회복에 대한 비전을 품고 기도하는 중에 하나님이 주시는 사명을 발견했다. 그리스도인이 세상 속에서 하나님 나라를 세워가는 비전을 품고 기도하며 하나님이 주신 사명에 헌신할 때 영적 리더로 성장하게 된다.

Article

01

비전 없는 민족은 망한다

(잠언 29:15~18)

김준곤 목사

잠언에 '묵시가 없으면 백성이 방자히 행한다'는 말씀이 있습니다(잠 29:18). 영어성경은 이 구절을 "Where there is no vision, the people perish"(KJV)라고 표현하는데 이는 '비전 없는 민족은 망한다'라는 뜻으로 이해할 수 있습니다.

저는 거리를 다니는 청년들을 보며 '저 청년들은 어떤 열망을 가슴에 품고 있을까?' 알고 싶었습니다. 젊은 학생들은 그 민족의 체온과 같습니다. 그들의 가슴 속에 꿈이 식었다는 것은 그 민족의 꿈이 모두 죽어버린 것을 뜻합니다. 젊은이들이 어떤 꿈을 갖느냐가 중요합니다. 여러분은 어떤 생각을 가지고 있습니까? 여러분의 마음에 가득 차있는 생각이 무엇입니까? 어떤 목표와 푯대를 향하여 나아가고 있습니까? 여러분은 자신의 사명이 무엇인지 생각해 보고 삶의 스타일을 바꾸고 세상을 보는 시야를 넓혀야 합니다.

윌리엄 페더(W. Feder)가 쓴 글 가운데 재미있는 것이 있습니다. 어떤 사람이 어릴 때 길에서 5달러짜리 지폐를 주웠습니다. 어린 소년이 5달러 지폐를 주웠으니 얼마나 좋았겠습니까? 그는 그것에 중독되어 일생동안 길바닥만 보고 다녔습니다. 그가 전생애를 소모하며 길에서 주운 것은 단추 29,519개, 머리핀 54,172개, 동전 수천 개였습니다. 그는 하늘이 얼마나 푸른지 땅 위에 꽃과 새와 자연이 얼마나 아름다운지 볼 기회가 없었습니다. 이 사람은 넝마주이 인생을 산 것입니다. 그에게는 꿈이 없었습니다. 안타깝게도 이 세상에는 이와 같은 인생을 사는 사람이 대부분일 것입니다.

알렉산더 대왕은 뉴 프런티어 정신을 일생의 비전으로 삼았습니다. 그의 꿈은 온 세계가 질서를 지켜 공존하는 것이었습니다. 그가 전쟁을 한 것은 전쟁을 위한 전쟁이 아니라 세계 질서를 확립하기 위한 것이었습니다. 그는 비록 33세에 죽었지만 거의 종교적인 사명을 가지고 있었습니다.

나폴레옹도 꿈이 있었습니다. 나폴레옹이 유럽 통일이라는 꿈을 꾸었기 때문에 프랑스인들은 그에게 절대 권력을 부여했습니다. 그것은 유럽에 새 평화와 질서를 만드는 일이었습니다. 유럽의 조그마한 나라들의 힘이 비슷해지면 끊임없이 전쟁이 일어나기 때문에 유럽을 정복해서 질서를 확립하고 전쟁 없는 살기 좋은 유럽으로 만들고자 했습니다. 끝내는 정치범이 되고 말았지만 나폴레옹은 꿈의 사람, 비전의 사람이었습니다.

공산주의자들도 꿈이 있습니다. 50년, 60년이 지나도 실현되지 않았지만 그들은 유토피아를 약속하고 있습니다. 마오쩌둥은 중국에 꿈을 심어주었습니다. 그것이 거짓된 공산주의 이데올로기였지만 구체적으로 방법론을 제시하여 8억의 중국 민족을 이끌 수 있었습니다. 또한 그는 문화혁명을 통해 전 세계 노동자들을 자본가 계급으로부터 해방시켜야 한다는 비전을 당시의 10대들에게 심어주었습니다.

세상 사람들도 무언가 큰 일, 위대한 일을 하기 위해서 꿈을 꾸었습니다. 그렇다면 그리스도인들은 어떤 꿈을 꾸어야 할까요?

사도 베드로가 성령을 충만하게 받고 설교할 때 3000명이 회개했습니다. 그 설교는 모세와 모든 예언자들의 꿈이 비로소 예수님을 통해서 이루어질 때가 왔다는 내용이었습니다. 베드로가 설교한 그 위대한 꿈, 전 인류가 바라던 꿈, 모든 종교가 쳐다보았던 꿈, 모든 정치가가 바라보았던 꿈, 인류 역사 전체가 하나의 방향으로 바라보았던 꿈이 실현되려고 합니다. 그 꿈을 실현시키시는 분은 예수님이고 우리가 이미 그 분을 소유하고 있습니다. 그 이상의 비전이 없고 그 이상의 꿈이 있을 수 없습니다.

빌 브라이트(W. Bright) 박사는 전 세계의 10억 인구를 구원하겠다는 꿈을 꾸고 있습니다. 그는 "주여, 나는 당신을 바라봅니다. 나의 꿈은 사업을 통해 큰 부자가 되는 것이 아닙니다. 당신이 나의 꿈입니다. 당신이 나의 진로입니다"라고 기도합니다. 그의 비전은 예수님입니다. 이 이상의 비전은 없습니다. 그에게는 예수님이 전부입니다. 저는 그의 옆에 있으면 항상 은혜를 받습니다.

어느 날, 제가 친구와 함께 대한민국의 미래에 대해 생각해 보니 전부 불확실한 것뿐이었습니다. 어느 순간에 3차 세계대전이 터질지, 북한이 언제 밀고 내려올지, 우리 자손들은 어떻게 될지 걱정뿐이었습니다. 정치, 경제, 교회 문제도 모두 불안하고 비관적이었습니다. 그러다가 "우리 이런 이야기 하지 말고 예수님을 바라보자"고 했습니다. 그러자 소망이 생겼습니다.

여러분은 개인적으로 많은 꿈을 가지고 있을 것입니다. 그러나 무엇보다도 예수님을 향한 꿈을 가져야 합니다. 그러면 여러분의 꿈이 실현될 것입니다. 주님이 마음대로 쓰실 수 있는 그런 꿈을 꾸어야 합니다. 자신을 백지처럼 드려 예수님이 마음대로 쓰실 수 있는 사람, 예수님의 기대에 응하고 예수님을 기쁘시게 해드리는 사람이 되고 싶다는 꿈을 꾸어야 합니다. 예수님의 명령에 순종해서 그 뜻이 이루어지는 데 쓰임 받게 해달라는 아름다운 꿈을 꾸어야 합니다.

우리에게는 세상 사람들이 모르는 꿈이 있습니다. 우리에게는 주님이 함께하신다는 신비가 있습니다. 그 이상의 신비가 어디에 있겠습니까? 주님이 나와 함께하시고 주님과 내가 하나가 되는 인격적인 만남, 그 이상의 것이 무엇이 있겠습니까? 높은 인격적인 꿈을 가져야 합니다. 기도를 할 때도 주님 안에서 큰 비전을 가지고 기도해야 합니다.

이번에 '80 세계복음화대성회를 앞두고 만든 '비전 없는 민족은 망한다'라는 전단지의 내용을 읽어 드리겠습니다.

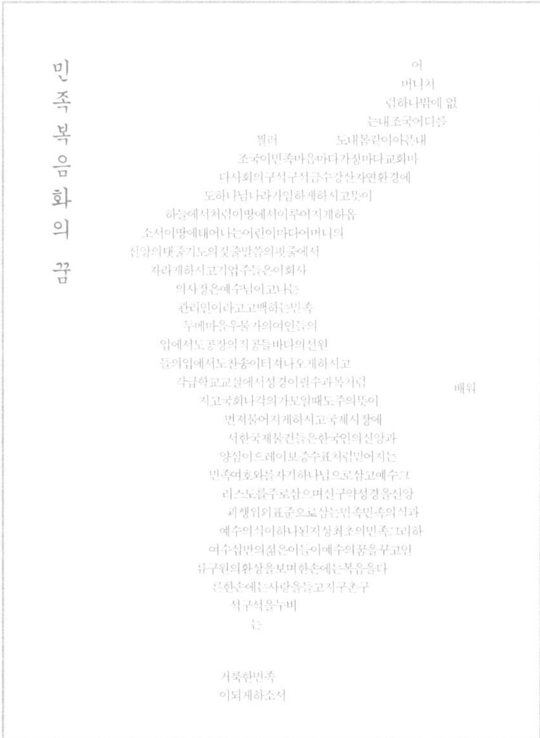
민족복음화의 꿈

어
머니처
럼하나밖에 없
는내조국어디를
찔러 도내몸같이아픈내
조국이민족마음마다가정마다교회마
다사회의구석구석금수강산자연환경에
도하나님나라가임하게하시고뜻이
하늘에서처럼이땅에서이루어지게하옵
소서이땅에태어나는어린이마다어머니의
신앙의탯줄기도의젖줄말씀의핏줄에서
자라게하시고기업주들은이회사
의사장은예수님이고나는
관리인이라고고백하는민족
두메마을우물가의여인들의
입에서도공장의직공들바다의선원
들의입에서도찬송이터져나오게하시고
각급학교교실에서성경이필수과목처럼 배워
지고국회나각의가모일때도주의뜻이
먼저물어지게하시고국제시장에
서한국제품건들은한국인의신앙과
양심이으레이보증수표처럼믿어지는
민족여호와를자기하나님으로삼고예수그
리스도를주로삼으며신구약성경을신앙
과행위의표준으로삼는민족민족의식과
예수의식이하나된지상최초의민족그리하
여수십만의젊은이들이예수의꿈을꾸고인
류구원의환상을보며한손에는복음을다
른한손에는사랑을들고지구촌구
석구석을누비
는

거룩한민족
이되게하소서

이 아름다운 조국, 사랑하는 동족들에게 하나님이 원하시는 절실한 뜻은 무엇이며 성도들에게 명령하신 것이 무엇인가? 하나님의 뜻은 우리 하나하나가 회개하고 예수를 믿어 하나님의 자녀가 되는 것이다. 또한 믿는 우리가 만민에게 복음을 전하는 그리스도의 증인이 되는 것이다. 믿음은 들음에서 나기 때문이다. 자신들이 그리스도에게서 끊어질지라도 동족을 구원해 달라는 모세나 바울의 간절한 기도, 에스더의 '죽으면 죽으리라'의 결사적 금식기도, '스코틀랜드를 주옵소서. 아니면, 죽음을 주옵소서'라고 했던 존 낙스의 기도가 우리의 것이 되어야 하겠다.

하나님이 우리의 합심하는 기도를 들으시고 2, 3년 내에 큰 부흥이 일어나 국민의 50~80퍼센트가 회개하고 예수를 믿으면, 여리고 성이 무너지듯 휴전선이 무너지고 이 땅의 상처가 고쳐지며 에스겔의 환상 속 해골떼가 생명의 군대가 되듯 세계만방에 한국 주도의 선교시대의 장이 열릴 날도 믿음의 눈으로 바라볼 수 있다.

지상에 일찍이 완전한 기독교 국가란 존재한 일이 없었다. 그렇지만 지상의 종말이 오기 전에 한 민족 쯤은, 단 한 번만이라도 송두리째 그들의 모든 것이 그리스도에게 바쳐지고 쓰일 수 있다면, 우리야말로 그 기적의 도전 앞에 서 있다.

비전이 없는 민족은 망한다고 했다. 하나님이 큰 기적을 행하시기 위해서는 마치 여인들에게 아기가 잉태되듯 그 종들에게 큰 꿈을 심고 환상을 잉태시키신다. 보지 못하는 것을 보고, 믿지 못할 만큼 엄청난 것을 믿고, 불가능한 것을 믿음과 기도로 가능케 하는 것, 그것이 성경 속의 하나님의 사람들의 특징이었다.

다음과 같은 비전을 보고 기도를 드리며 믿음으로 힘쓰는 일이 하나님의 뜻이 아니며 성경적이 아니라고 누가 말할 수 있단 말인가?

민족의 가슴마다 피 묻은 그리스도를 심어 이 땅에 푸르고 푸른 그리스도의 계절이 오게 하자! 이런 기도가 이루어져 이 나라의 모든 것이 뿌리째, 송두리째 복음화 되는 날, 예수 한국의 두메 마을, 우물가의 여인들과 김매는 농부들의 입에서도 샘물이 터지듯 찬송이 절로 터지고, 각 학교 교실마다 누구의 강요도 없이 성경이 최우선 필수과목으로 배워지고, 계모임들이 모조리 성경 교실이 되고, 예수 안 믿는 것이 옛날의 상놈이 된 것만큼이나 부끄러워 혼인길도 막히는 민족, 이 땅에 태어나는 어린이마다 모태에서부터 기도와 신앙의 핏줄에서 자라며, 국무회의나 국회가 국정의 대소사를 논할 때 으레 주의 뜻이 앞서고 경건한 기도를 드림으로 하나님의 축복을 받는 예수의 나라, 동방의 성민 코리아, 세계의 시장에서 예수 한국이 만든 나사못 하나, 단추 하나까지도 예수 한국의 신앙과 양심과 정성이 보증수표처럼 믿어지는 민족이 되게 하자!

순종하는 개인이나 민족에게는 하나님이 영육 간에 축복하신다는 사실은 불변의 대원칙이며 성경의 가르침이다. 신명기 28장의 그 놀라운 축복이 우리에게는 해당이 안 된다고 누가 말할 수 있단 말인가?

그리스도 안에서 모든 것이 새로워진 예수 한국의 모습이 세계의 눈에 신기하고 기적같이 보일 때, 그들은 한국의 부흥은 예수의 터 위에 세운 건물 같고 신앙의 밭에서 자라난 무성한 나무와 같다고 증언할 것이다. 그러면 기독교의 옛 성지인 예루살렘이나 로마를 관광하기보다 살아계신 성령의 현장, 예수 한국에 성민 관광의 발이 줄을 이을 것이며 그들은 입을 모아 "코리아, 그대는 과연 동방의 빛"이라고 할 것이다.

여러분, 만일 한국의 대학생들이 59,000여 개의 자연부락에 가서 10일 정도 짝을 지어 어린이를 가르치고 복음을 전한다면 우리나라는 삽시간에 복음화 될 것입니다. 얼마나 위대한 꿈입니까? 조금만 힘쓰면 기독교 민족 하나가 태어날 것입니다. 제가 '80 세계 복음화 대성회 초청장을 세계에 보낼 때 사상 전례 없는 기독교 민족 하나가 태어나는 출산의 현장을 와서 보라고 말했습니다. 아이가 태어나면서 처음 우는 소리를 들을 수 있을 것입니다. 예수 믿는 민족 하나가 태어나고 있습니다.

김준곤, 『민족의 예수 혁명론』, 김준곤 문설집 1권 (서울: 순출판사, 1984), 231-40.
이 글은 1979년 9월 2일 김준곤 목사의 설교를 발췌하여 엮은 것이다.

02

느헤미야의 계획과 실행

(느헤미야 2~3장)

영적 리더는 사람들에게 비전과 사명을 나누고
이를 함께 실행하는 사람이다.
이 과에서는 느헤미야를 통해
현실적인 계획을 세우고 이를 공동체와 함께
실행하는 것의 중요성을 배우게 된다.

도입 | 당신이 어떤 일을 계획 없이 진행하여 힘들었던 경험이나 계획을 했지만 실행에 옮기지 못했던 일을 나눠보라.

비전과 사명을 실행하기 위한 계획

느헤미야는 4개월 동안 지속적으로 기도하는 가운데 예루살렘 회복에 대한 비전과 성벽 재건에 대한 사명을 발견했고 이를 실행하기 위해 구체적으로 계획을 세웠다. "이 사람 앞에서 은혜를 입게 하옵소서"(1:11)라는 기도는 그가 왕에게 성벽 재건에 대해 요청하기로 이미 마음에 계획하고 있었음을 나타낸다.

믿음과 현실적인 계획

1. 왕 앞에 나아간 느헤미야에게 어떤 일이 있었으며 그들은 어떤 대화를 했는가? (2:1~3)

2. 느헤미야가 왕에게 대답할 때 왜 크게 두려워했는가? 그럼에도 느헤미야가 담대히 말할 수 있었던 이유는 무엇이라고 생각하는가? (2:1~5)

예루살렘 성벽의 재건 요청

페르시아의 통치 아래 있는 성읍의 성벽 재건은 군사적, 정치적 독립을 위한 반역을 의미할 수 있기 때문에 예루살렘 성벽 재건에 대한 요청은 반역의 행동으로 오해받을 수 있었다(스 4:13). 특히 당시에는 절대적인 권력을 가진 왕의 진노를 사지 않기 위해 왕 앞에서 언행을 조심해야 했다. 따라서 느헤미야는 예루살렘이라고 직접적으로 언급하는 대신 "조상들의 묘실이 있는 성읍"(2:3, 5)이라는 지혜로운 표현을 사용하여 측은함을 불러일으키고 있다.

3. 왕이 호의적인 반응을 보이자 느헤미야는 왕에게 무엇을 요청했는가? 이 요청을 통해 느헤미야에 대해 알 수 있는 것은 무엇인가? (2:5~9)

4. 예루살렘에 도착한 느헤미야가 사람들에게 자신의 계획을 바로 알리지 않고 먼저 밤에 성을 돌아본 이유는 무엇일까? (2:10~16)

공동체의 동역과 헌신

5. 예루살렘은 오랫동안 황폐되어 있었지만 그 곳에 살던 사람들은 성읍과 성벽을 재건할 힘이 없었다. 느헤미야는 그들이 성벽 재건에 동참하도록 어떻게 이끌었는가? (2:17~18)

6. 느헤미야가 백성들을 이끈 결과, 어떤 사람들이 성벽 재건에 참여했는지 다음 구절을 통해 살펴보라. 그들은 어떤 방식으로 성벽을 재건했는가? (3:1~32; p.35 지도 참고)

* 3:1, 8, 12, 22, 32

* 3:2, 5, 27

* 3:9, 12

* 3:14~19

[예루살렘 성벽 중수]

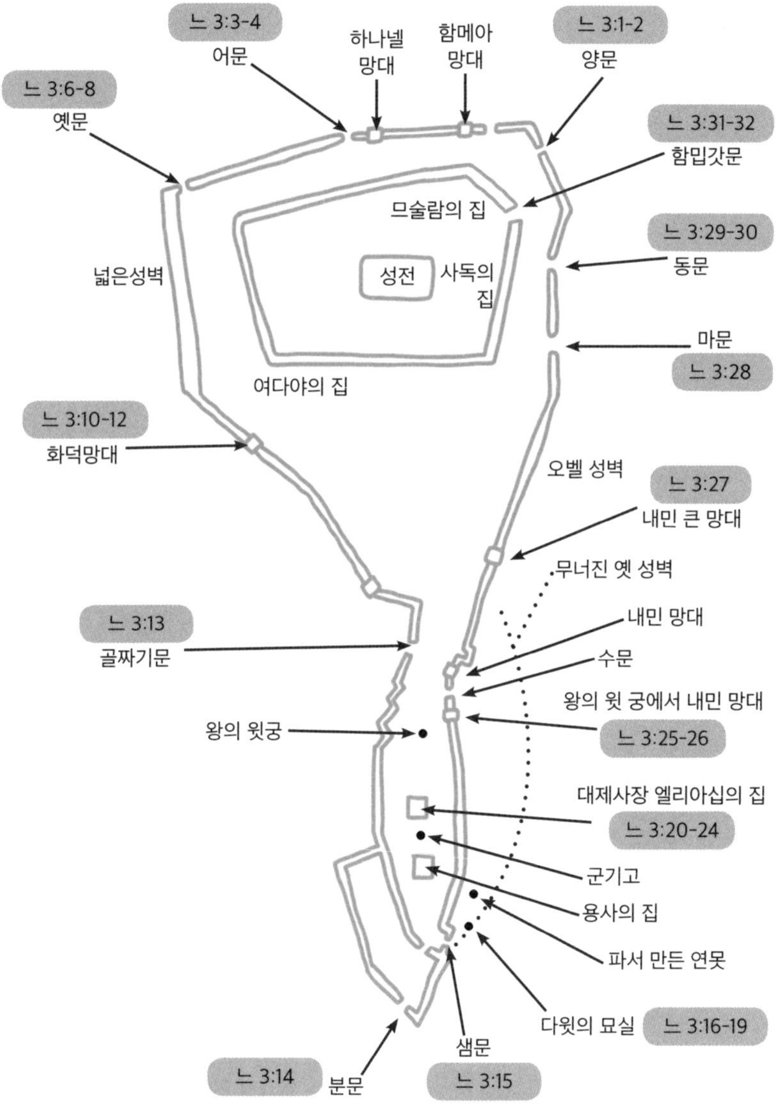
느 3:3-4
어문
하나넬 망대
함메아 망대
느 3:1-2
양문
느 3:6-8
옛문
느 3:31-32
함밉갓문
므술람의 집
느 3:29-30
동문
넓은성벽
성전
사독의 집
마문
느 3:28
여다야의 집
느 3:10-12
화덕망대
오벨 성벽
느 3:27
내민 큰 망대
무너진 옛 성벽
느 3:13
내민 망대
골짜기문
수문
왕의 윗 궁에서 내민 망대
왕의 윗궁
느 3:25-26
대제사장 엘리아십의 집
느 3:20-24
군기고
용사의 집
파서 만든 연못
다윗의 묘실
느 3:16-19
샘문
느 3:14
분문
느 3:15

7. 느헤미야가 성벽 재건에 참여한 자들의 이름과 공사구역을 일일이 소개한 이유는 무엇이며 이는 어떤 의미를 갖는가?

적용 | 느헤미야처럼 하나님이 주신 비전과 사명을 이루기 위해 당신이 속한 자리에서 할 수 있는 일이 무엇인지 생각해 보고, 어떤 방식으로 누구와 함께 실행할 것인지 계획해보라.

나의 비전	
나의 사명	
단기 목표	
현재 상황	
방법	
함께 할 사람	

결론 | 느헤미야는 하나님이 주신 사명을 이루기 위해 현실을 바탕으로 계획을 세우고 유다 백성들과 동역했다. 그리스도인은 자신이 받은 사명을 위해 구체적인 계획을 세우고 실행해야 한다.

Article

02

계획의 청지기직

에릭 스완슨(Eric Swanson)

“꿈꾸는 땅, 계획이 필요 없는 곳, 바로 네버랜드라네. 네버랜드에서는 꿈이 이루어진다네." 뮤지컬 피터팬에 나오는 이 노래의 가사를 통해 우리는 네버랜드(존재하지 않는 곳)에서나 계획 없이 꿈을 이룰 수 있다는 것을 알 수 있다. 그러나 애석하게도 많은 사람들은 계획 없이도 꿈을 이룰 수 있는 것처럼 살아간다. 성령의 인도 아래 계획을 세우는 것을 영적이지 않다고 여기며 이는 하나님의 나라보다는 비즈니스 업무에나 어울린다고 과소평가한다. 오히려 우리는 ‘영적인 감각으로 자연스럽게 진행하라’던가 ‘순간순간 성령의 인도하심을 따르라’는 이야기를 더 자주 듣는다. 어떤 경우에는 계획 수립이 불신의 태도를 촉진시키고 성령의 역사를 방해한다고 비난하기도 한다. 우리 중에 이런 극단적인 태도를 가진 사람은 거의 없겠지만, 의외로 많은 사람들이 계획을 구체적으로 세우지 않고 하나님의 은혜에 맡기면 된다는 사고방식을 가지고 있다.

이런 사고방식에 젖어 효과적이었던 과거의 방식을 반복하거나 대세를 따르는 방식이 편하다보니 교회와 기독교 공동체 안에서 전략적 계획이라는 개념은 궁지에 몰리게 되었다. 우리는 하나님의 주권이라는 명목 하에 많은 것을 우연에 맡기는 것을 더 편안해 한다. 그러나 루이 파스퇴르(Louis Pasteur)가 "기회는 준비된 사람을 선호한다"고 말한 것처럼 우리 주님도 준비된 사람을 사용하신다는 것을 알아야 한다.

더 살펴보기 전에 분명히 해 둘 것이 있다. 계획을 세운다는 것은 하나님의 능력이나 인도하심을 받는 것과 분리되지 않는다. 계획을 세우는 데 있어서 매 순간 성령의 인도하심을 받는 것은 매우 중요하다. 계획을 세운다고 우리의 신뢰의 대상이 하나님에게서 우리 자신에게로 옮겨지는 것이 아니다. 계획 수립은 오히려 하나님이 우리를 인도하시고, 공급하시고, 일하신다는 것에 대한 우리의 신뢰를 반영한다. 우리는 하나님이 그의 약속을 따라 일하실 것이라는 확신을 갖고 계획을 세우는 것이다.

하지만 우리가 계획을 세운다고 해서 우리의 노력이 모두 성공적인 결과를 가져온다는 것도 아니다. 하나님이 은혜를 주시고 성령이 인도하셔야 하며 예수님이 우리 계획의 처음과 중간과 끝이셔야만 한다. 우리가 진정으로 원하는 것은 하나님의 계획을 그의 능력 안에서 우리가 이뤄가는 것이다. 우리가 하나님의 계획이 이루어지도록 꿈꾸고 그 꿈을 실현할 때, 우리를 통해 사람들이 변화되고 하나님께 영광을 돌리게 될 것이다.

청지기직과 계획 수립

성경이 계획을 세우는 것에 대해 많이 언급하지 않지만 계획 수립은 하나님이 주신 자원과 은사를 지혜롭게 사용하는 청지기직과 깊이 연관되어 있다. 예를 들어, 청지기와 달란트 비유는 예수님의 재림이라는 관점에서 하나님이 주신 자원을 지혜롭고 전략적으로 사용해야 한다는 것을 상기시켜

준다(마 25:14~30). 이 비유는 청지기가 자원 사용에 책임을 져야 하며 이를 올바르게 관리하지 못한다면 빼앗기게 된다고 말한다. 히브리서 13:17은 하나님께서 우리에게 맡기신 사람들을 잘 돌보았는지 하나님 앞에서 '청산하게 될 것'을 말한다. 또한 고린도전서 9:17에서 바울이 복음 전하는 일에 '사명을 받았다'라고 표현하는 것은 그가 복음 전파에 대한 청지기 의식을 갖고 있었다는 것을 보여준다.

청지기로서 당신에게 맡겨진 시간, 은사, 능력에 대해 생각해 보라. 무엇보다 당신은 세계에서 가장 전략적이고 가장 개방된 곳, 수천 명의 사람들이 있는 선교지이자 가장 많은 선교 자원을 파송한 곳, 바로 캠퍼스에서 섬기고 있다. 이러한 기회들을 가진 당신은 청지기로서 어떻게 살 것인가?

전략적 계획 수립

캠퍼스에서 당신이 많은 선교 자원을 보유하고 있지만 지상명령 성취라는 거대한 꿈은 아직 멀게 느껴진다. 당신의 원수는 당신이 성공하지 못하도록 방해할 뿐 아니라 당신을 무너뜨리기 위한 음모를 꾸미고 있으며 당신은 거대한 도전들에 맞서야 한다. 한시가 급한데 시간은 모래알처럼 당신의 손에서 빠져나가고 있다. 당신은 목표에 도달하기 위해 많은 대가를 지불해야 한다. 한 마디로 당신은 끝이 보이지 않는 전쟁 중에 있다. 그러나 여전히 희망이 있으며 승리가 보장되어 있다. 이것이 캠퍼스에서 헌신된 그리스도인으로 살아가는 학생의 삶이다.

이렇게 승리가 약속되어 있지만 여전히 치열한 영적 전쟁의 상황은 우리에게 성령의 인도함을 받은 전략적 계획이 필요하다는 것을 느끼게 한다. 전략적 계획은 목표를 달성하기 위해 장기간 집중해서 지혜롭게 자원을 사용하는 것을 의미한다. 전쟁이 일어나면 승리하기 위해 정부가 자국의 자원과 노력을 극대화하기 위해 집중적으로 전략적 계획을 세우는 것과 같다.

당신도 당신의 목표보다 자원이 부족할 때, 강력한 반대에 부딪힐 때, 최전방에서 분명한 방향제시를 요구할 때, 임무의 성공 여부가 지혜로운 자원 사용에 좌우될 때, 전략적 계획이 필요하다는 것을 깨닫게 될 것이다. 전략적 계획은 전쟁을 승리로 이끄는 지원군과 같다. 따라서 어떠한 저항과 반대에 부딪히든 승리를 얻고 꿈을 성취하고자 하는 사람들은 전략적 계획을 가장 중요하게 여길 것이다.

전쟁의 상황에서 전략적 계획이 차지하는 위치는 우리의 사역 팀이 처한 상황에도 마찬가지로 적용된다. 하지만 계획 자체보다 영적인 전쟁에서 지혜로운 청지기로 살아가기 위한 전략적 계획을 수립하는 것이 더 중요하다. 전략적 계획을 수립할 때만이 하나님이 캠퍼스에서 이루시고자 하는 목적을 위해 우리에게 맡기신 자원을 극대화 할 수 있게 될 것이다. 전략적 계획을 수립할 때만 확신을 가지고 싸울 수 있다.

전략적 계획 수립은 장기적 비전과 현실 사이를 메꿔주는 연결고리와 같다. 비전과 꿈은 움직이는 발을 필요로 한다. 우리의 꿈이 압박과 무거운 일정 속에 살아가는 사람들의 현실에서 실현되지 않는다면 아무런 유익이 없다.

계획의 청지기직으로의 부르심

당신이 비전을 이루실 하나님을 신뢰하듯이, 하나님이 비전을 이룰 방법도 알려 주실 것을 신뢰하라. 하나님이 주신 자원을 최선으로 사용하기 위해 하나님의 계획이 무엇인지 여쭈어 보라. 이는 단순히 성공과 실패의 문제가 아니라 복음의 청지기로서의 부르심을 수행해 내느냐의 문제이다.

학생자원운동(Student Volunteer Movement)을 오랫동안 이끌었던 존 모트(Mott)는 리더십이란 '몇 가지 일을 성취하고 나머지는 남겨두는 것'이라고 했다. 그는 "무슨 일을 하든 수많은 긴급한 필요들과 큰 기회들 속에서 우리는 우선순위를 찾아내야만 한다. 우리는 시간을 잘 계획해서 사용해야 한다. 어느 누구도 모든 선한 일을 다 할 수 없고, 사람들이 요구하는 모든 일을 할 수 없으며, 자신이 원하는 모든 것을 할 수 없다"고 말했다. 그는 이를 위해 전략적 계획 수립이 필수적이라고 믿었다.

그러므로 우리는 가장 중요한 일을 우선적으로 하는 습관을 길러야만 한다. 무언가를 이루고자 열망을 품은 사람이라면 매년, 매월, 매주, 매일의 계획을 세우는 습관을 들여야 한다. 우리는 매일 "그리스도는 내가 오늘 하루 어떤 사람으로 살고 어떤 일을 하기 원하실까?"라는 질문을 던져야 한다. 바로 지금 이 질문을 던지길 바란다. "주님, 나와 캠퍼스에게 주신 은사의 청지기로서 오늘 하루 제가 어떤 사람으로 살고 무엇을 하기 원하십니까?"

03

외부의 방해와 극복

(느헤미야 4, 6장)

사명을 이루어가는 과정에는
끊임없는 방해와 공격이 있다.
이 과에서는 느헤미야가
다양한 외부의 공격에
어떻게 대처했는지 살펴보게 된다.

도입 | 어떤 일을 시작하려고 할 때 주변 사람들로부터 비난이나 방해를 받은 적이 있는가? 그것이 당신에게 어떤 영향을 주었는가?

성벽 재건의 방해와 극복

1. 산발랏과 도비야는 이스라엘 백성들이 성벽 건축을 시작했다는 소식을 듣고 어떻게 방해했는가? 그들은 이런 행동을 통해 유다 백성들에게 어떤 영향을 주려고 했을까? (4:1~3)

2. 느헤미야와 백성들은 공사 초기에 있었던 대적들의 방해에 어떻게 대처했는가? (4:4~6)

3. 성벽 공사가 중간 단계에 접어들었을 때 느헤미야와 백성들에게 찾아온 어려움은 무엇이었는가? (4:7~12)

성벽 재건을 방해한 대적들(2:19; 4:7; 6:1)

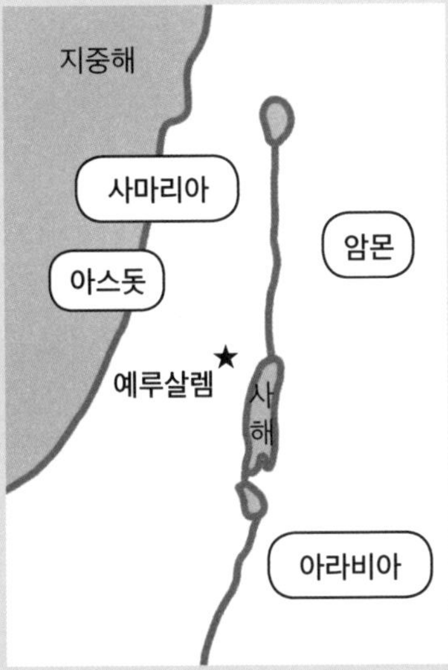

느헤미야는 동서남북 사면의 적대적인 세력들 가운데 공사를 진행해야 했다.

* 산발랏: 예루살렘 북서쪽인 호론 지역 출신으로 당시 사마리아의 총독이다. 그는 예루살렘 성벽이 재건되면 유다에 대한 자신의 영향력이 줄어들고 사마리아에도 위협이 될 것을 염려했다.
* 도비야: 이스라엘 동쪽인 암몬 지역의 총독으로 산발랏의 참모 역할을 했던 것으로 보인다. 그는 유다 귀족들과 혈연관계를 맺어 유다에 영향력을 행사했다(6:18).
* 게셈: 이스라엘 남쪽 지역인 아라비아의 총독이었을 것이다. 아라비아 사람들은 몰약과 유향의 무역으로 큰 이익을 누렸는데 예루살렘이 재건되면 자신들의 무역이 제한될 것을 염려하여 반대한 것으로 보인다.
* 아스돗: 이스라엘 서쪽 블레셋 지역의 도시이다. 아스돗 사람들은 이스라엘과 적대적인 관계였기에 예루살렘이 회복되는 것을 바라지 않았다.

4. 느헤미야와 백성들은 이러한 어려움을 어떻게 극복했는가? (4:9, 13~23)

느헤미야와 백성들은 공사 초기에 있었던 대적들의 심리적 방해에 흔들리지 않고 하나님께 기도했다. 공사 중간 단계에서 일어난 기습공격의 위협에는 기도하며 실제적 방어에 힘썼다. 백성들이 한 마음으로 방해를 극복하여 공사가 완성되어 가자 대적들은 지도자인 느헤미야를 무너뜨려 성벽 건축을 중단시키려 했다.

지도자를 향한 공격과 극복

5. 성벽이 완성되어 갈 때 대적들이 느헤미야를 오노 평지에서 만나자고 한 이유는 무엇인가? 대적들이 그를 꾀어내기 위해 사용한 방법은 무엇이며 느헤미야는 이를 어떻게 극복했는가? (6:1~9)

* 오노 평지(2절): 예루살렘에서 북서쪽 약 32km 지점의 유대와 사마리아의 접경지역이다.
* 봉하지 않은 편지(5절): 산발랏은 봉하지 않은 편지의 내용이 다른 사람들에게 알려지기 쉽다는 것을 이용해 느헤미야를 자극하려고 했을 것이다.

6. 지도자인 느헤미야를 무너뜨리기 위한 대적들의 최후의 계략은 무엇이었는가? 어떻게 느헤미야는 점점 더 교묘해져가는 대적들의 계략에 넘어가지 않을 수 있었는가? (6:10~14)

외소에 들어가는 것이 왜 죄가 될까?

성전은 성소, 지성소, 뜰로 이루어져 있다. 지성소(내소)는 1년에 한 번 대제사장만 들어가 백성을 위한 제사를 드리는 곳이다. 성소(외소)는 향단과 등불과 떡상이 있는 곳으로 제사장들만 출입이 가능했다. 제사장이 아닌 사람이 성소에 들어가는 것은 율법을 어기는 것이며, 성경에는 성소에 들어간 웃시야 왕이 하나님의 벌을 받아 나병에 걸린 이야기가 나오기도 한다(대하 26:18~20).

7. 느헤미야와 백성들이 온갖 방해와 공격에도 물러서지 않고 하나님을 신뢰하며 성벽 재건에 전념한 결과는 무엇인가? (6:15~16)

<table>
<tr><th colspan="5">외부의 방해와 극복</th></tr>
<tr><th></th><th colspan="2">대적들의 방해</th><th colspan="2">극복 방법</th></tr>
<tr><td>공사 초기</td><td colspan="2">심리적 방해</td><td>흔들리지 않음</td><td rowspan="4">모든
상황에서
기도</td></tr>
<tr><td>공사 중기</td><td colspan="2">기습공격의 위협</td><td>실제적 방어</td></tr>
<tr><td rowspan="2">완공 직전</td><td rowspan="2">지도자
공격</td><td>(1) 지도자를 해치려 함</td><td>계략을 분별함</td></tr>
<tr><td>(2) 지도자를 유혹함</td><td>사명감,
율법을 지킴</td></tr>
</table>

적용 | 당신이나 당신의 공동체가 하나님께서 주신 사명을 성취하는 과정에서 부딪히는 외부의 방해와 장애물은 무엇인가? 느헤미야가 겪은 방해의 종류와 극복 방법을 참고하여 당신은 어떻게 어려움을 극복할지 나눠보라.

결론 | 느헤미야와 유다 백성들은 대적들의 다양한 방해에 대해 기도하며, 흔들리지 않고 실제적 방어, 계략을 분별함, 사명감, 율법을 지킴으로 극복했다. 그리스도인은 여러 가지 방해에도 흔들리지 않고 하나님이 주신 사명을 완수해야 한다.

Article

03

느헤미야의 방어 전략

김윤희

믿음으로 살아가는 그리스도인의 삶에는 핍박이 따른다. 우리가 하나님의 일을 한다고 말하면서 언제나 환영받고 영광스럽고 멋진 일만 한다면, 그것은 하나님의 일이 아닐 수도 있다. 하나님의 사명을 감당하다 보면 거절과 조롱을 당하고 손해를 보기도 하며 '내가 이런 일까지 해야 하나?'라는 의구심이 들기도 한다. 그럼에도 불구하고 계속할 수밖에 없는 것이 하나님의 일이다. 하나님의 일을 할 때 핍박을 받는 것은 당연하다. 느헤미야도 사명을 따라 살기 위해 여러 위협과 핍박을 감내해야 했다.

느헤미야는 페르시아에서 왕의 신임을 받는 고위 관리였다. 그는 예루살렘 성벽을 보수하는 일에 자원하지 않아도 수산 궁에서 충분히 윤택한 삶을 누릴 수 있었다. 그가 술 관원으로 살았더라도 율법을 지켰다면 어느 누구도 그가 믿음이 없다고 비난하지 않았을 것이다. 그는 하나님을 믿으며 평범하게 살아갈 수 있었다. 그러던 어느 날, 그는 하나니로부터 예루살렘 성벽이 무너졌다는 소식을 듣고 안정된 삶을 떠나기로 결심했다. 그는 왜 굳이 성벽을 보수하는 일에 자원하여 그토록 많은 위협과 핍박을 받았을까? 우리는 알고 있다. 느헤미야는 편안한 삶보다 하나님이 주신 사명에 순종하기로 선택한 것이다. 우리는 그에게서 하나님의 사람들끼리만 통하고 알 수 있는 감동을 받는다.

만약 하나님이 주신 사명에 순종할 때 어려움과 핍박이 필수라면, 그리스도인들은 이것을 어떻게 극복할 것인가에 대한 답을 찾아야 한다. 느헤미야는 어떻게 모든 핍박과 방해를 이겨내고 사명을 완수할 수 있었을까? 우리는 느헤미야의 모습을 통해 어려움과 핍박에 대응하는 몇 가지 원리를 배울 수 있다.

첫째, 항상 기도해야 한다. 느헤미야는 어려움을 만날 때마다 항상 기도했다. 그리스도인들의 최대 전략은 하나님을 의존하는 것이다. 기도는 최선의 방어무기이자 공격무기이다. 힘든 일을 당면하고 있는가? 아버지가 갑자기 직장을 잃으셨는가? 어머니의 건강에 이상이 있으신가? 재정적 어려움이 생겼는가? 열등감에 시달리는가? 미래에 대해 불안한가? 무조건 하나님께 기도하라. 기도만으로도 삶의 모든 어려움은 충분히 이겨나갈 수 있다.

둘째, 주어진 사명에 우선순위를 두어야 한다. 느헤미야는 총독으로서의 권리를 누리기보다 맡겨진 성벽공사에 우선순위를 두어 집중했다. 모든 그리스도인들에게는 그리스도를 닮아가는 것과 복음 전파의 사명이 있다. 자신의 삶을 즐기고 스펙에만 몰두하는 것보다 이 사명을 감당하기 위한 영적인 훈련에 우선순위를 두는 것이 중요하다. 말씀과 기도와 순종을 통한 영적 훈련과 배움의 기회가 되는 다양한 영적인 활동에 적극적으로 참여하라.

셋째, 철저한 계획과 전략을 세워야 한다. 가만히 앉아서 하나님께서 하시는 일만 바라보는 것이 믿음이 아니다. 느헤미야의 대응 중에 가장 빛을 발하는 부분이 이 부분이다. 대적들이 공격한다는 소식을 듣고 그는 파수꾼을 두어 주야로 방비했다.

백성들은 한 손에 병기를 잡고 다른 손으로 일하거나 허리에 칼을 찬 채 성벽을 건축했다. 이 방법이 그렇게 효과적이었을까? 그렇지 않았을 수도 있다. 중요한 것은 이것이 느헤미야와 백성들이 생각해낼 수 있는 최선의 방법이자 지혜였다는 점이다. 그리고 그들은 하나님을 신뢰했다. 이렇게 인간의 최선과 신앙이 만날 때 하나님은 기뻐하시고 일은 효과를 발한다. 하나님은 우리가 완벽한 전략을 짜기를 기다리시는 것이 아니다. 우리가 할 수 있는 모든 것을 하고 결과를 하나님께 맡기는 것을 가장 기뻐하신다.

그리스도인 대학생으로서 성적도 잘 받고 영적인 훈련도 잘 받고 싶다면 거기에 맞는 계획과 준비가 필요하다. 시간관리, 효과적인 공부방법 연구, 철저한 자기관리 등으로 절제하고 훈련된 삶을 살면서도 동시에 하나님을 의지하는 믿음이 필요하다. 이렇게 균형 있는 삶을 살아갈 때 느헤미야와 같은 리더로 성장하게 될 것이다.

넷째, 목표한 일을 계속해야 한다. 꾸준히, 성실히, 굴하지 않고, 열정적으로 계속해 나가야 한다. 느헤미야는 어떤 압력과 위협 속에서도 성벽공사를 멈추지 않았다. 느헤미야의 격려로 백성들도 흔들리지 않고 마음을 다해 일했고, 그 결과 성벽이 연결되어 반 정도까지 높이가 완성되자 오히려 대적들이 초조해했다. 오래된 복음 성가 중에 이런 가사가 있다. '흔들리지 않네! 흔들리지 않네! 물가에 심어진 나무처럼 흔들리지 않네!' 그리스도인들은 주어진 일이 하나님의 뜻이라는 확신이 있다면 계속해 나가야 한다. 그러면 좋은 열매가 맺힐 것이다. 그때까지 기다리지 못하고 중단하거나 포기하면 결과를 기대하기 어렵다. 느헤미야는 목표를 향해 멈추지 않았다.

순장으로 살 때도 하나님 앞에서 헌신한 것을 기억하며 지속해야 한다. 바쁘고 귀찮다는 핑계와 현실적인 계산으로 복음을 전하고 제자화하는 삶을 중단한다면 좋은 열매를 기대하기 어렵다. 건축을 하다 중단된 성벽만이 남게 될 것이다. 희생이 따르더라도 하나님을 신뢰하며 꾸준히 헌신한다면 성벽이 완성되는 것과 주님이 더 큰 일을 맡기시는 것을 경험하게 될 것이다.

느헤미야는 현실에 뿌리내린 믿음이 무엇인가를 보여준다. 어려움을 만날 때 어떤 사람들은 무조건 믿고 기다리며 기도만 한다. 반면에 어떤 사람들은 자신의 철저한 계획에 지나치게 의존하여 하나님이 일하실 여지를 전혀 남겨놓지 않는다. 느헤미야는 이 두 극단 사이에서 균형 잡힌 믿음을 가진 좋은 예이다. 모두가 다 느헤미야와 같을 수는 없다. 그러나 우리가 성경이 느헤미야를 통해 가르쳐 주는 믿음의 원리들을 잘 간직한다면 현실의 어려움과 핍박 속에서도 사명을 이루는 삶을 살게 될 것이다.

04

내부의 갈등과 해결

(느헤미야 5장)

지도자는 공동체의 갈등을 파악하고

해결하기 위해 힘써야 한다.

이 과에서는 느헤미야가

말씀을 따라 문제를 해결하고

삶으로 모범을 보이는 것을 살펴보게 된다.

도입 | 당신은 누군가가 잘못을 돌이키도록 권면한 적이 있는가? 혹은 누군가의 훈계와 가르침으로 당신의 잘못된 행동을 돌이키게 된 적이 있는가? 당신의 경험을 나눠보라.

내부의 갈등과 해결

1. 유다 백성들은 성벽 공사가 진행되던 중에 어떤 일로 크게 부르짖고 원망했는가? (5:1~5, 7)

2. 느헤미야는 백성들의 원망에 어떻게 대처했는가? (5:6~13)

(1) ______________ (6~7a절):

(2) ______________ (7b~9절):

(3) ________________ (10~12a절):

(4) ________________ (12b~13절):

가난한 자들을 돌보지 않은 것은 잘못인가?

율법은 가난한 자들을 돌보도록 규정하고 있다. 구체적으로 이웃 중에 가난한 형제가 있으면 이자를 받지 않고 돈과 양식을 넉넉히 빌려주어야 한다. 만일 지속적인 가난으로 빚을 갚지 못한다면 7년마다 돌아오는 안식년에는 모든 빚을 탕감해 주어야 한다. 또한 빚을 갚지 못해 다른 사람의 종이 된 경우 채권자는 그를 노예처럼 함부로 부리지 말고 품꾼처럼 대하며 안식년에는 자유를 주어야 한다(출 21:2; 22:25; 레 25:35~46; 신 15:1~15; 23:19). 그러므로 유다 귀족들이 가난한 백성들의 어려움을 돌보지 않고 이자를 받은 것은 율법을 어긴 것이다.

3. 느헤미야가 귀족들과 민장들의 잘못을 공개적으로 다루려고 했을 때 어떤 어려움이 있었을까? 그럼에도 느헤미야가 이 문제를 직면하여 해결 한 이유는 무엇일까?

지도자의 모범

4. 느헤미야는 갈등을 해결하고 지도자로서 한걸음 더 나아가 모범을 보였다. 그는 어떤 모범을 보였으며 그렇게 행한 이유는 무엇인가? (5:14~19)

5. 느헤미야가 보인 모범은 경제적으로 어려운 중에 성벽 공사에 참여한 백성들에게 어떤 영향을 끼쳤다고 생각하는가?

6. 한 사람의 모범이 공동체의 성장과 연합에 영향을 주었던 사례를 생각하여 나눠보라.

적용 | 당신이 속한 공동체의 연합과 성장을 방해하는 내부적인 어려움은 무엇이며 이를 해결하기 위해 당신이 할 수 있는 일은 무엇인가? 또한 당신은 이와 관련하여 어떤 모범을 보이겠는가?

결론 | 느헤미야는 백성들의 어려움에 귀를 기울이고 율법의 기준과 삶의 모범으로 문제를 해결했다. 영적 지도자는 공동체 안의 갈등을 말씀에 비추어 해결하고 자신의 삶으로 모범을 보여야 한다.

7장 요약 : 예루살렘 성의 안전과 번성을 위한 계획

느헤미야는 외부의 방해와 내부의 갈등을 해결하고 드디어 성벽 재건을 마쳤다. 느헤미야는 그 후에도 예루살렘 성의 안전과 번성을 위해 힘썼는데, 먼저 예배의 회복을 위해 성전에서 일하는 문지기, 노래하는 사람, 레위인을 임명했다. 그리고 하나니(1:2)와 하나냐에게 성의 관리와 파수의 책임을 맡기고, 주민들은 맡겨진 초소와 자기 집 맞은편을 경비하게 했다.
또한 당시 예루살렘 성읍 안에 거하는 주민의 수가 적고 집도 충분하지 않았기 때문에 많은 사람들을 성내에 거주시켜 성을 활성화시키려고 했다. 느헤미야는 이를 위해 1차 귀환자들의 명단을 살펴보고 백성들을 가문(계보)에 따라 등록시켰다(7:5~73; 참고 에스라 2장).

Article

04

영적 리더십

에릭 스완슨(Eric Swanson)

하나님은 어느 시대에나 하나님의 뜻을 성취하기 위해 한 사람을 세우신다. 하나님은 아브라함을 부르셔서 민족을 일으키셨고, 요셉을 통해 그 민족을 보존하셨으며, 모세를 부르셔서 그 민족을 노예에서 해방시키게 하셨고, 여호수아로 땅을 정복하게 하셨다. 또한 사사들과 왕들에게 자신의 백성을 다스리게 하셨으며, 예언자들에게 백성들을 훈계하도록 하셨다.

이와 같은 '한 사람'이 없었다면 역사는 완전히 달라졌을 것이다. 하나님의 경륜 안에서는 한 사람이 세상을 바꿔놓을 수 있다. '하나님께서 자신의 백성들 중에서 성벽을 쌓고 성의 무너진 곳을 막아서서 하나님이 그 백성을 멸하지 못하게 할 사람을 찾고 계신다'(겔 22:30)는 사실을 의심할 사람은 아무도 없다.

영적 리더십이란?

영적 리더십은 하나님의 사람들에게 영향을 끼쳐 그들이 하나님의 뜻을 이루어 가도록 하는 자질이다. 영적 지도자들은 변화를 일으키는 주도자들이며 그들은 따르는 자들에게 영향을 끼치고 목표를 성취한다. 그러나 영적 지도자는 이끌기 전에 먼저 따르는 사람이 되어야 한다. 예수님은 오직 아버지가 말씀하신 것만 행하시고 말씀하셨다(요 5:19; 8:28). 따르는 것이 이끄는 것보다 선행되어야 한다. 예수님은 자신의 리더십을 새로운 관점에서 정의하셨다. 그분은 종이 되기 위해 그리고 목자가 되기 위해 오셨다고 말씀하셨다(막 10:45; 요 10장).

종으로서의 지도자

마태복음 20:25~28에서 예수님은 천국의 가치관이 리더십 스타일에 어떤 영향을 미치는지 설명하셨다. "너희 중에 누구든지 크고자 하는 자는 너희를 섬기는 자가 되고 너희 중에 으뜸이 되고자 하는 자는 너희의 종이 되어야 하리라"(마 20:27). 예수님은 지도자가 되고자 하는 인간의 열망을 비난하지 않으셨다. 단지 지도자가 되려면 종이 되어야 한다고 말씀하셨다. 종은 다른 사람들의 성공을 위해 헌신하는 사람이다.

요한복음 13:1~17에서 예수님은 종이 되어 제자들의 발을 씻기신 후 리더십의 핵심을 가르치신다. "내가 주와 또는 선생이 되어 너희 발을 씻었으니 너희도 서로 발을 씻어 주는 것이 옳으니라"(요 13:14).

영적 리더십의 핵심은 예수님을 따르고 사람들을 섬기는 것이다. 지도자의 임무는 다양하다. 그러나 임무가 무엇이든 지도하는 방법은 변하지 않는다. 종의 자세가 아닌 다른 방법은 없다. 지도자는 종의 자세를 취해야 한다. 섬김을 포기한다는 것은 그리스도가 보여준 리더십의 본을 따르기를 포기하는 것이다.

목자로서의 지도자

베드로전서 5:2~3에서 베드로는 교회의 지도자들에게 "너희 중에 있는 하나님의 양 무리를 치되 억지로 하지 말고 하나님의 뜻을 따라 자원함으로 하며 더러운 이득을 위하여 하지 말고 기꺼이 하며 맡은 자들에게 주장하는 자세를 취하지 말고 양 무리의 본이 되라"고 말한다.

목자의 최우선 의무는 양을 이끌고 먹이며 양의 필요를 채워주는 것이다. 우리가 사람들을 돌보는 일을 멈추는 것은 그들을 이끌어갈 권리를 포기하는 것이다. 사람들을 돌보는 것이 섬김의 기초이다. "사람들은 우리가 그들에 대해 얼마나 아는가보다 얼마나 관심이 있는가에 더 관심이 있다."

종으로서의 지도자는 섬겨야 되고 목자로서의 지도자는 사람들을 돌보아야 한다. 영적 지도자는 종과 목자가 되어 업무와 사람에 대한 깊은 관심을 가지고 항상 섬기고 돌보아야 한다. 따라서 리더십 훈련이란 사람을 섬기고 돌보는 것을 배우는 것이다.

사람들이 따르는 지도자 되기

영적 리더십에는 리더십을 이루는 중요한 자질이 있다. 지도자가 이러한 자질을 잘 개발할수록 지도자의 잠재적 영향력은 더욱 커지게 된다. 우리는 모두 이러한 자질을 갖춘 사람들에 의해 인도받기를 원하며 그들을 존경하고 따르기 원한다. 다음 10가지 자질은 우리가 사람들을 인도할 때 기초가 되는 것들이다.

(1) 비전

비전 없는 지도자는 지도자가 아니다. 하나님이 사용하시는 사람은 하나님이 원하시는 것과 이를 이루기 위한 자신의 역할을 분명히 아는 사람이다. 모세는 불타는 떨기나무 가운데서 하나님을 만났고 출애굽하라는 명령을 받았다. 하나님은 여호수아에게 약속의 땅 가나안을 정복하라는 분명한 지침을 주셨다. 어디로 가는지 알지 못한다면 당신은 다른 사람에게 '나를 따르라'고 요구할 수 없다. 지도자로서 당신은 하나님이 무엇을 원하시는지에 대한 분명한 그림이 있는가? 당신이 하나님을 위해 성취하고자 하는 것은 무엇인가?

(2) 모범

책에 적힌 이론보다 그리스도인으로서 본이 되는 삶을 사는 것이 훨씬 더 영향을 끼친다. 사도 바울은 사람들에게 주님을 따르는 자신을 본받으라고 권유했다. "내가 그리스도를 본받는 자가 된 것 같이 너희는 나를 본받는 자가 되라"(고전 11:1; 참고 빌 3:17; 4:9; 살전 1:6; 살후 3:7).

평생 모범을 보이며 사는 것은 어렵다. 그리고 먼저 모범을 보이지 않고 "난 예전에 이렇게 했어"라고 말만 한다면 당신은 상담가나 관리자는 될 수 있어도 본이 되는 지도자는 될 수 없다. 당신은 실천하지 않으면서 다른 사람들이 하기를 바라고 있는 것이 있는가?

(3) 순전함(Integrity)

사무엘이 다윗의 맏형의 외모를 보고 반하여 그를 왕으로 세우고자 할 때 하나님은 사무엘에게 "... 그의 용모와 키를 보지 말라 내가 이미 그를 버렸노라 내가 보는 것은 사람과 같지 아니하니 사람은 외모를 보거니와 나 여호와는 중심을 보느니라"고 말씀하셨다(삼상 16:7). 순전함이란 마음의 문제이다. 당신이 순전함을 잃어버리는 순간 당신은 신뢰를 잃게 되고 신뢰를 잃어버리면 어느 누구도 당신을 따르게 할 수 없다. 순전함은 약속과 헌신을 지켜나갈 때 드러난다. 이것은 삶의 일관성을 말한다. 우리는 완벽할 수 없지만 순전할 수 있다. 하나님은 순전하지 않은 지도자를 사용하지 않으신다.

(4) 하나님의 말씀

지도자는 하나님의 말씀에 헌신된 사람이다. 하나님의 사람은 하나님을 신뢰하기 때문에 하나님의 말씀에 순종한다. 우리를 지도자로 준비시키는 것은 바로 하나님의 말씀이다(딤후 3:17). 우리를 따르는 사람들은 우리가 규칙적으로 하나님의 음성을 듣고 있으며 그분의 인도함을 받아 그들을 인도하고 있다는 것에 대한 확신을 필요로 한다. 그들은 하나님의 음성을 듣는 사람을 따르기 원한다. 지도자가 목표 달성을 위해 사람들에게 영향을 미치려고 한다면, 지도자는 그 목표가 하나님이 원하시는 것이라고 분명히 확신할 수 있어야 한다. 사역을 하려면 당신은 먼저 말씀에 전념해야 한다.

사도행전 6장에는 '하나님의 말씀'을 제쳐놓고 봉사만 하는 것이 합당하지 않다고 말하고 있다(행 6:2). 봉사는 좋고 꼭 필요한 일이다. 그러나 지도자는 사람들에게 하나님의 말씀을 나눠야 한다. 영적 리더십의 본질적인 특징은 하나님으로부터 진리를 공급받는 능력이다. 당신은 지도자로서 하나님의 말씀을 다른 사람들을 먹이기 위해 어떻게 하고 있는가?

(5) 기도

"우리는 오로지 기도하는 일과 말씀 사역에 힘쓰리라"(행 6:4). 지도자의 가장 취약한 부분은 아마도 기도일 것이다. 종종 기도는 일을 방해하는 것처럼 보이기도 한다. 기도는 긴 시간 동안 눈에 보이지 않는 일을 하는 것이다. 예수님은 모든 일을 위해 '한적한 곳에서 기도하셨다'(눅 5:16). 바운즈(E. M. Bounds)는 "사람들은 더 좋은 방법을 찾고 있지만, 하나님은 더 좋은 사람, 바로 기도하는 사람을 찾고 계신다"라고 말했다. 여호수아는 아말렉과의 전쟁에서 리더십에 관한 첫 번째 가르침을 배웠다(출 17장). 그가 골짜기에서 아말렉 사람들과 전쟁을 하는 동안 실제 전쟁은 산 위에서 벌어지고 있었다. 모세가 그를 위해 기도하는 동안에는 이스라엘 사람들이 이겼다. 영적 전쟁은 기도를 통해 승리한다. 당신의 기도 생활이 사역의 성공에 결정적인 영향을 미친다. 당신의 기도 생활은 어떠한가?

(6) 성령 충만

성령으로 충만한 사람들만이 영적 리더십을 드러낼 수 있다. 영적 리더십의 10가지 자질 중 가장 중요한 자질은 '성령 충만'이다. 예수님은 "...나를 떠나서는 너희가 아무 것도 할 수 없음이라"(요 15:5)고 말씀하셨다. 아주 작은 일을 맡았더라도 성령의 지배와 능력을 받아야 한다.

(7) 수고

데살로니가전서 5:12~13은 "형제들아 우리가 너희에게 구하노니 너희 가운데서 수고하고 주 안에서 너희를 다스리며 권하는 자들을 너희가 알고 그들의 역사로 말미암아 사랑 안에서 가장 귀히 여기며 너희끼리 화목하라"고 말한다. 영적 리더십은 권력이나 명예를 가진 삶이 아니라 수고하는 삶이다. 성경은 우리에게 "부지런함으로" 사람들을 이끌라고 훈계한다(롬 12:8).

(8) 믿음

"하나님의 말씀을 너희에게 일러 주고 너희를 인도하던 자들을 생각하며 그들의 행실의 결말을 주의하여 보고 그들의 믿음을 본받으라"(히 13:7). 지도자는 하나님에 대한 믿음을 가져야 한다. 믿음의 사람은 내적인 힘, 용기, 행동을 가진 사람이다. 지도자의 믿음의 분량은 그를 따르는 자들보다 크거나 적어도 동등해야 한다.

(9) 성장

지도자는 항상 성장해야 한다. 만일 지도자가 배우고 자라기를 멈춘다면 그는 지도자의 자리를 다른 잠재적 지도자에게 내주어야 한다.

(10) 가정생활

하워드 헨드릭스는 "만일 집에서 통하지 않는다면, 밖으로 그것을 내보내지 말라"고 말한다. 당신이 가족을 잘 돌보지 못한다면 지도자로서도 실패할 것이다.

영적 권위는 섬김 받는 사람들의 유익을 위해 하나님께서 주신 것이다. 바울은 "주께서 주신 권세는 너희를 무너뜨리려고 하신 것이 아니요 세우려고 하신 것"이라고 말한다(고후 10:8). 하나님은 그의 백성들에게 지도자를 보내셔서 '성도를 온전하게 하여 봉사의 일을 하게 하며 그리스도의 몸을 세우려' 하신다(엡 4:11,12). 당신이 생각하는 지도자의 목적은 하나님이 생각하시는 것에 얼마나 부합하는가?

05

말씀을 통한 영적 재건

(느헤미야 8~10장)

말씀은 영적 회복의 핵심이다.

이 과에서는 유다 백성들이

말씀을 듣고 회개하여 언약을 갱신하고

영적으로 재건되는 모습을 살펴보게 된다.

도입 | 당신의 삶에서 하나님이 특별히 도우셨다고 느꼈던 경험을 나눠보라. 그때 당신은 어떤 마음이 들었는가?

말씀과 영적 재건

1. 성벽이 완성된 후 유다 백성들이 가장 먼저 한 일은 무엇인가? 백성들의 모습을 통해 무엇을 알 수 있는가? (8:1~8)

유다 백성들은 6월(엘룰월, 느 6:15) 25일에 성벽 공사를 마무리하고 7월 1일에 수문 앞 광장에 모여 율법을 들었다. 7월 1일은 나팔절로 유대인들이 노동을 쉬고 함께 모여 번제와 화목제를 드리며 하나님이 이스라엘의 하나님 되심을 기념하는 날이다(레 23:23~25; 민 10:10). 나팔절과 같은 절기(성일)에는 구원의 은혜를 기억하며 하나님을 즐거워했다(레 23:40; 신 16:11, 15).

2. 백성들이 말씀을 듣고 운 이유는 무엇이며 느헤미야를 비롯한 지도자들은 왜 울지 말라고 했을까? (8:9~12; 참고 9:34~37)

3. 지도자들은 말씀을 더 자세히 알기 위해 살펴보다가 일곱 째 달에 초막절을 지키라는 명령을 발견하고 순종했다. 초막절을 지키면서 백성들이 무엇을 느꼈을지 생각해보라. (8:13~18)

초막절

초막절은 이스라엘 3대 절기 중 하나로 애굽에서 탈출해 광야생활을 하는 동안 하나님께서 그들을 보호하고 인도하신 것을 기념하는 절기이다. 광야는 물과 음식을 구하기도 힘들고 낮의 뜨거운 햇볕과 밤의 추위로 생존하기 어려운 곳이었다. 하지만 하나님은 반석에서 물을 내시고, 만나와 메추라기를 먹이시며 불기둥과 구름기둥으로 이스라엘 백성들을 보호하셔서 광야를 무사히 통과하게 하셨다. 이스라엘 백성들은 이를 기념하기 위해 7일 동안(7월 15~21일) 노동을 쉬고 풀이나 나뭇가지로 만든 초막 안에 거하며 8일째에는 거룩한 성회로 모여 제사를 드렸다(레 23:33~43). 이들은 초막에서 거하는 동안 광야생활을 기억하고 더 나아가 변함없이 함께하시고 보호하시는 하나님의 은혜에 감사했다.

4. 최근에 당신이 하나님의 말씀을 깨닫고 기쁘게 실천한 것을 나누라.

말씀을 통해 영적인 회복을 경험한 유다 백성들은 말씀을 더 사모하게 되어 자신들의 죄를 철저하게 돌이키며 하나님 앞에서 언약을 갱신하는 단계까지 나아간다.

언약 갱신과 새로운 결단

9장 요약: 죄 고백과 언약 갱신

유다 백성들은 초막절이 끝나고 이틀 후인 7월 24일에 다시 모여 금식하며 말씀을 듣고 죄를 자복한다(1~4절). 그들은 먼저 크고 위대하신 하나님을 기억하며 경배한다(5~6절). 그리고 아브라함부터 포로생활까지의 이스라엘 역사를 돌아본다. 하나님은 아브라함과의 언약을 기억하시며 백성들을 인도하셨지만 백성들은 지속적으로 하나님의 명령을 거역하고 교만하게 행했다. 그러나 하나님은 공의로운 심판 중에도 그들을 버리지 않고 은혜와 긍휼을 베푸셨다(7~31절). 유다 백성들은 언약을 저버린 죄로 여전히 환난을 당하고 있음을 인정하며 하나님의 은혜를 다시 간구한다(32~37절). 또한 죄를 고백하는 것에서 그치지 않고 처음 언약대로 하나님의 명령에 순종하며 살겠다고 결단하며 서약한다(9:38). 이 서약에 동참한 사람들의 이름이 10:1~27에 나온다.

5. 진정으로 회개했다면 삶의 변화가 나타나야 한다. 하나님과 언약을 갱신한 유다 백성들이 실천하기로 다짐한 세 가지 항목은 무엇인가? (10:28~39)

(1) 30절

(2) 31절

(3) 32~39절

6. 유다 백성들이 실천하기로 다짐한 세 가지 항목을 지키지 않는다면 어떤 결과가 나타날 것이라고 생각하는가? (10:28~39)

유다 백성들의 세 가지 결심

유다 백성들이 다짐한 세 가지는 그들을 언약 백성답게 살게 하는 필수적인 항목이었다. 이 세 가지는 오늘날 결혼과 가정, 일과 사회, 교회와 예배와 관련이 있다.

1. 이방인과의 결혼(결혼과 가정): 결혼은 두 사람이 하나가 되는 것인데(창 2:24) 신앙이 다른 사람과는 영적으로 연합할 수 없다. 하나님을 섬기는 사람들이 함께 가정을 이룰 때 경건한 후손을 세울 수 있다.
2. 안식일과 안식년(일과 사회): 안식일은 오늘날의 주일로 일을 쉬고 하나님을 예배하며 영혼과 육체를 재충전하는 날이다. 세상은 무한경쟁을 부추겨 쉼을 갖지 못하게 하지만 하나님의 공급하심을 신뢰함으로 안식일을 지킬 때 일과 안식의 균형을 이룰 수 있다.
   안식년은 땅을 쉬게 하여 땅이 기운을 회복하고, 가난한 사람들의 경제적 회복을 위해 빚을 탕감해주는 해이다(신 15:1~2). 회복과 나눔을 통해 공동체의 상생을 이루는 안식년의 정신은 오늘날 사회복지에 영향을 주었다.
3. 성전의 헌물과 헌금(교회와 예배): 성도들이 모여 예배를 드리고 교회가 복음을 전하기 위해서는 신앙 공동체 유지를 위한 헌물과 예배 봉사자들의 생계를 위한 헌금이 필수적이다(고전 9:7~14; 빌 4:15~19).

적용 | 당신이 하나님의 자녀로서 결혼과 가정, 일과 사회, 교회와 예배의 각 영역에서 새롭게 결단해야 할 것은 무엇인가? 헌신 서약서에 구체적으로 적어보라.

헌신 서약서

나는 하나님 앞에서 다음과 같이 약속합니다.

1. 결혼과 가정 :

2. 일과 사회 :

3. 교회와 예배 :

날짜 :

이름 : (서명)

결론 | 유다 백성들은 말씀을 듣고 회개한 후 하나님과의 언약을 갱신하며 율법을 준수하기로 결단했다. 그리스도인은 하나님의 말씀을 삶의 중심에 두고 순종함으로 영적 회복을 이루어야 한다.

Article

05

부흥의 불길

빌 브라이트(Bill Bright)

1904년, 부흥이 웨일즈를 휩쓸었다. 도시에서 지하 갱도에 이르기까지 온 나라가 복음의 영광으로 활활 타올랐다. 놀랍게도 이러한 영적 각성을 일으킨 리더는 웨일즈의 젊은 광부, 에반 로버츠(Evan Roberts)였다. 그는 말을 잘하는 사람도 지식이 많은 사람도 아니었으며, 그가 아는 유일한 책은 성경이었다. 그러나 그의 마음은 하나님과 그분의 말씀에 대한 열정으로 불타오르고 있었다.

여러 해 동안 그는 복음 전하는 일에 자신을 사용해 주시기를 간절히 기도했다. 그는 방에서 너무 큰 소리로 기도하며 복음 전하는 연습을 해서 집주인에게 쫓겨나기도 했다. 지하 갱도에서 일할 때도 친구들은 휴식 시간에 담배를 피우고 웃고 떠들었지만 그는 조용히 앉아 성경을 읽곤 했다.

그러던 중 1904년 어느 날 에반이 기도할 때, 하나님은 그에게 웨일즈에 부흥을 일으켜서 10만 명의 불신자들을 그리스도께로 돌아오게 할 것이라고 말씀하셨다. 그때 성령께서 영국에 부흥이 들불처럼 일어날 것이며 전

유럽, 아프리카, 아시아로 퍼져 나갈 것을 보여주셨다.

이러한 비전에 사로잡힌 에반은 자신의 교회 목사를 찾아가 교회에서 말씀을 전하게 해달라고 간곡히 부탁했지만 목사는 당황하여 그의 부탁을 단호하게 거절했다. 그러나 지속되는 그의 요청에 목사는 "알았어요, 에반. 이번 수요일 저녁예배를 마친 후에도 남아서 듣기 원하는 사람이 있다면 그들에게 말씀을 전해보세요"라며 허락해 주었다.

수요일 저녁예배 후 자리를 떠나지 않고 남은 사람은 모두 17명이었다. 에반은 그들을 향해 하나님께서 지적하시는 모든 죄를 회개하고, 거룩한 삶에 방해가 되는 모든 나쁜 습관을 버리며, 성령의 인도하심에 순종하여 일상에서 그리스도를 전하라고 설교했다. 말씀을 들은 사람들은 마음이 뜨거워져 에반에게 다시 말씀을 전해달라고 요청했다. 다음 날 저녁에는 더 많은 사람들이 교회로 모여들었고, 많은 사람들이 그리스도를 영접했다. 이렇게 시작된 부흥은 웨일즈 전역으로 퍼져갔으며 아프리카, 인도, 중국, 한국의 부흥에 기폭제가 되었다.

부흥이란 무엇인가?

그렇다면 부흥이란 무엇인가? 오늘날 많은 사람들은 집회에 참석한 사람들이 감격하고 주님을 향해 마음이 뜨거워지는 것을 "부흥"이라고 말한다. 그러나 부흥은 그 이상이다. 진정한 부흥에는 다음과 같은 특징이 따른다.

첫째, 부흥은 하나님의 주권적인 행동에 의해 일어난다. 부흥이 일어날 때는 성령 하나님이 주권적으로 개입하셔서 강력하게 사람들을 움직이시는 것을 보게 된다. 성령은 우리가 그리스도를 사랑하고, 기도하며, 말씀을 이해하고, 그리스도를 증거하게 하시는 분이다. 그렇기에 부흥은 성령 하나님의 주권적인 행동이다. 에반이 설교하기 전인 1901년부터 이미 웨일즈의 그리스도인들은 성령의 음성에 따라 부흥을 위해 기도함으로 성령의 사역에 동참하고 있었다. 성령은 때가 이르자 에반을 사용하셔서 1904년에 부흥을 일으키셨다.

성령은 나에게도 주권적으로 CCC(Campus Crusade for Christ)에 대한 비전을 주셨다. 1951년 풀러신학교의 학생으로 기말고사 공부에 몰두해 있던 중, 나는 바울이 다메섹에서 예수님을 만난 것과 같은 놀라운 경험을 했다. 바울이 예수님을 만났을 때 그와 동행했던 사람들은 바울에게 일어난 일을 알지 못했던 것처럼 옆에 앉은 친구 역시 나에게 일어난 일을 전혀 눈치 채지 못했다. 물리적인 소리는 아니었지만 나는 몇 백 개의 스피커에서 나오는 것보다 더 분명한 성령의 음성을 들었다. 성령으로부터 '대학생들을 통해 지상명령 성취를 도우라'는 비전을 받고 내 마음 깊은 곳에서는 찬양이 터져 나왔다.

둘째, 부흥에는 특별한 하나님의 임하심이 있다. 성령의 임하심은 당신의 신앙의 깊이와 전혀 상관이 없을 수도 있다. 하나님이 그분의 능력으로 임하실 때 우리는 무슨 일이 일어나는지 정확히 이해하지 못한 채 그분의 임재를 경험하게 되기도 한다.

1947년, 나는 캘리포니아에서 열린 교회 수련회에 참석하고 있었다. 저녁 집회 후에 루이스 에반스(Louis Evans Jr.)와 나는 수련회 강사인 헨리에타 미어즈(Henrietta Mears) 박사를 숙소까지 바래다드리며 많은 이야기를 나누었다. 숙소에 도착한 후에도 우리는 이야기를 이어갔다. 그러던 중 갑자기 성령이 우리를 감쌌다. 나는 당시 초신자로 성령에 대해 잘 알지 못했고 나에게 일어난 것을 이해할 수 없었지만 커다란 기쁨을 느꼈다. 에반스는 뜨거운 기운이 온 몸을 감싸는 것 같았다고 말했다.

우리가 성령의 임재 속에 기도하며 찬양하고 있을 때, 리차드 할버슨

(Richard Halverson) 목사가 열매 없는 목회를 계속해야 할지 상담받기 위해 미어즈 박사의 숙소를 방문했다. 우리는 그에게 아무 말도 하지 않았지만, 그가 방에 들어온 순간 성령은 낙심해 있는 그를 치유하셨으며 그의 마음을 기쁨과 사랑으로 채우셨다.

특별한 하나님의 임하심을 경험한 후 우리는 모두 변화되었으며 우리 각자에게 주신 소명을 깨달았다. 이후 에반스 목사는 여러 해 동안 "대통령들의 교회"로 알려진 내셔널 장로교회에서 목양했다. 할버슨 목사는 미국 상원의회의 목사가 되어 국제 정치·사회에 큰 영향을 끼쳤다.

셋째, 부흥이 일어나면 사람들은 죄를 회개하고 하나님 앞에서 겸손해지며 용서와 회복을 경험한다. 성령은 개인이 지은 명백한 죄를 회개하라고 촉구하실 뿐 아니라 마음의 냉랭함, 첫 사랑을 잃어버림, 편안함만을 추구함, 빛과 소금의 사명을 잃어버림 등의 깨닫지 못하는 죄까지 드러내신다.

제임스 번즈(James Burns)는 다음과 같이 말했다.

> [부흥은] 치유하기 전에 먼저 죄의 문제를 다룬다. 부흥은 십자가에 무관심하며 전도하지 않는 이기적인 삶을 지적하고, 복음을 위해 매일 자기를 부인하고 소유를 나누는 거룩한 삶으로 부르기 위해 온다. 바로 이것이 많은 그리스도인들에게 부흥이 인기가 없는 이유이다.[1]

넷째, 성령의 기름 부으심으로 말씀이 담대하게 선포된다. 성령이 임한 후 예루살렘 교회에서도 '무리가 다 성령이 충만하여 담대히 하나님의 말씀을 전했다'(행 4:31). 프린스턴대학교의 총장이었던 조나단 에드워즈(Jonathan Edwards)가 1741년 7월 코네티컷주 엔필드에서 한 설교는 미국의 영적 각성에 불을 지폈다. 에드워즈는 "하나님의 진노 아래 있는 죄인들"이란 제목으로 회개하라고 담대하게 선포했다. 그가 설교에서 지옥을 너무나 선명하게 묘사하여 청중들은 두려워 떨며 의자를 붙잡고 있었다고 한다. 청중들이 죄책감에 사로잡혀 설교 도중에 하나님께 구원해 달라고 크게 부르짖자 에드워즈는 설교를 이어가기 위해 기다려야 할 정도였다.[2]

다섯째, 부흥은 공동체와 나라를 변화시킨다. 미국의 신학자인 토저(A. W. Tozer)는 부흥을 "공동체의 도덕적 풍조를 바꾸는 하나님의 일하심"이라고 정의했다.[3] 진정한 영적 각성은 교회를 뛰어넘어 근본적으로 사회를 개혁한다. 예를 들어, 1800년대에 미국 켄터키에서 시작되었던 영적 각성은 미국 전 사회에 영향을 끼쳤다. 이 부흥은 선교운동, 노예의 폐지, 공공교육의 시작과 600여개의 대학 건립의 기초가 되었다. 1900년대 웨일스에

---

1) Winkie Pratney, Revival: Its Principles & Personalities (Lafayette, LA: Huntington House, 1994), 17에서 재인용.
2) David L. Mckenna, The Coming Great Awakening (Downers Grove, IL: InterVarsity Press, 1990), 30.
3) Pratney, Revival: Its Principles & Personalities, 17.

서 부흥이 일어났을 때도 사회적 영향력이 대단했다. 부흥이 일어나는 동안 강간, 살인, 절도, 횡령 등의 범죄가 사라져 경찰과 판사들은 할 일이 없었다고 한다.

우리의 임무

하나님의 성령은 주권적이시다. 그분은 원하시는 때와 장소에서 일하신다. 그러나 우리는 그분의 주권적인 역사가 일어나도록 국가와 사람들을 위해 항상 기도해야 한다. 또한 가만히 앉아서 부흥이 일어나거나 성령이 기름 부어 주시기만을 기다리는 것이 아니라 그리스도의 주권과 성령의 인도하심에 민감하여 하나님의 말씀에 순종하기에 힘써야 한다. 순종하는 삶을 살 때 성령께서 우리의 삶을 변화시켜주실 것을 기대할 수 있다.

두 농부의 이야기를 생각해보자. 옆에서 나란히 함께 농사를 짓던 농부들은 비슷한 환경과 연장을 갖고 있었다. 그 중 한 농부는 씨앗을 조심스레 고르고, 밭에 물과 비료를 주며 정성을 다해 경작했다. 열심히 일한 결과 그는 추수기에 풍성한 곡물을 거두어 들였다. 반면에 다른 농부는 게을렀고 수고하며 일하는 것보다 지나가는 사람들을 구경하는 것을 더 좋아했다. 그는 좋은 씨앗을 고르지 않았고 밭에 충분한 물과 비료를 주지 않으면서 요행을 바랐다. 그 결과 옆 농부와 달리 추수의 날에 수확할 것이 별로 없었다.

하나님은 두 농장에 똑같이 햇빛과 비를 주시면서도 농부들이 그들에게 맡기신 것을 위해 땀 흘리며 열심히 일하기를 원하신다. 영적인 원리도 이와 같다. 하나님은 부흥에 필요한 모든 것을 다 주셨지만 성경은 겸손하게 회개하며 하나님을 찾는 자에게 부흥을 주신다고 약속하신다. "의에 주리고 목마른 자는 복이 있나니 그들이 배부를 것임이요"(마 5:6).

오늘날 개인이든 교회든 나라든 하나님의 부르심에 어떻게 반응하느냐는 매우 중요하다. 하나님은 우리가 전심으로 하나님을 찾기 원하신다. 부흥은 우리가 죄악된 행위에서 돌아서서 겸손하게 기도하고 금식하며 하나님의 얼굴을 구할 때 시작된다. 하나님은 그분의 말씀을 듣고 사랑하고 신뢰하는 자를 통해 부흥의 불길을 일으키실 것이다.

본 아티클은 Bill Bright, *The Coming Revival: America's Call to Fast, Pray, and "Seek God's Face"* (Orlando: NewLife Publication, 1995), 79-89에서 발췌하여 요약한 것이다.

06

예배의 회복을 통한 영적 재건

(느헤미야 11~12장)

온전한 예배는 하나님 중심의 삶을 살게 한다.

이 과에서는 성전 예배의 회복을 위해

유다 백성들이 예루살렘 성을 활성화시키고

제사장들과 레위인들을 지원하는 모습을 살펴보게 된다.

도입 | 믿음의 공동체와 함께 예배하고 교제하는 것이 당신에게 어떤 도움을 주는가?

율법과 예배

하나님과 언약을 맺은 백성에게 가장 우선되는 것은 언약 규정인 율법에 순종하는 일이지만, 율법에 순종하기 위해서는 성전 예배가 백성들의 삶의 중심에 있어야 했다. 성전에 모여 함께 예배를 드릴 때 언약 백성이라는 사실을 자각하고 율법의 중요성을 깨달아 지속적으로 순종할 수 있기 때문이다. 따라서 유다 백성들은 성전에 초점을 맞출 뿐 아니라 성전이 있는 예루살렘 성의 회복에도 큰 관심을 두었다.

예루살렘 거주 계획과 실행

1. 11장은 예루살렘 거주를 위한 계획과 실행을 다룬다. 어떤 사람들이 예루살렘에 거주하기로 결정했는가? (11:1)

2. 2절은 예루살렘에 거주하기로 한 자들을 "자원하는 모든 자"라고 표현한다. 예루살렘은 거주하기에 좋은 도시였을까? 사람들이 예

루살렘에 살기로 자원한 이유는 무엇이라고 생각하는가? (11:2; 참고 1:3, 7:4)

예루살렘에 거주할 자들을 정한 후, 느헤미야는 성전 예배의 회복을 위해 조직을 정비하고 역할을 맡긴다.

성벽 봉헌과 예배 회복

3. 12:1~26은 1차 포로귀환 후 각 시대별 대제사장, 제사장들, 레위인들의 명단이다. 느헤미야가 성벽 봉헌에 대해 기록하기 전에 이들의 이름을 일일이 기록한 이유는 무엇인가? (12:1~26; 참고 7:63~65)

12:1~26의 구조

대제사장의 족보는 예수아-요야김-엘리아십-요야다-요나단(요하난)-얏두아로 이어진다(12:10~11).

12:1~9　1차 귀환한 대제사장 **예수아** 때의 제사장들과 레위인들
12:12~21　대제사장 **요야김** 때의 제사장 가문의 족장들
12:22~26　대제사장 **엘리아십, 요야다, 요하난, 얏두아** 때의 제사장들과 레위인들

4. 유다 백성들은 예루살렘 성의 활성화를 위해 거주민을 정착시키고, 성전에서 섬길 제사장과 레위인을 확보한 후 성벽을 봉헌했다. 그들은 어떤 방식으로 봉헌식을 진행했으며 이러한 방식은 무엇을 의미하는가? (12:27~43)

5. 유다 백성들은 성벽 봉헌식 후에도 성전에서 올바른 예배가 지속되도록 어떻게 헌신했는가? (12:44~47)

6. 느헤미야가 회복하기 위해 힘쓴 성전 예배는 오늘날 공동체의 공적인 예배라고 볼 수 있다. 만약 그리스도인들이 공적 예배를 소홀히 여긴다면 공동체와 구성원들의 삶에 어떤 영향이 있을까?

적용 | 유다 백성들은 성전 중심의 삶이 회복되도록 거주지를 옮기기도 하고 자신들의 재물을 드려 헌신했다. 당신은 당신이 속한 공동체가 지속적으로 하나님 중심으로 세워지도록 어떻게 헌신하겠는가?

결론 | 유다 백성들은 예루살렘으로 거주지를 옮기고 제사장들과 레위인들이 직무를 잘 감당하도록 헌신하며 성전 예배가 회복되도록 힘썼다. 그리스도인은 예배가 회복되고 공동체가 하나님 중심의 삶을 지속적으로 살 수 있도록 실제적인 헌신을 해야 한다.

Article

06

성전의 역사와 의미

CCC MRD(교재개발팀)

출애굽 후 하나님과 언약을 맺은 이스라엘 백성은 율법과 성막을 중심으로 살았다. 그러나 이스라엘이 멸망하고 포로생활을 할 때 그들은 율법은 지킬 수 있었지만 성전 중심의 삶은 살 수 없었다. 따라서 포로에서 귀환한 백성들은 가장 먼저 성전을 재건했다. 느헤미야가 성벽을 재건한 것도 백성들이 안전하게 성전 중심의 삶을 살도록 돕기 위함이었다. 유다 백성들의 삶의 중심이었던 성전의 역사와 의미를 살펴보자.

성전의 역사

(1) 성막

성전의 원형은 이스라엘 백성이 출애굽한 후 하나님께서 모세에게 명령하여 짓게 하신 성막이다(출 26~40장). 성막은 하나님께서 이스라엘 백성들과 언약을 맺으신 대로 그들과 함께하신다는 것을 상징한다. 죽음의 땅과 같은 광야를 지나면서 이스라엘은 성막을 중심으로 진을 치고 행진했으며, 하나님께서는 당신의 임재를 불기둥과 구름기둥을 통해 가시적으로 보이시며 그들을 인도하셨다. 성막은 성소와 지성소로 구분되며, 지성소에는 하나님의 임재를 상징하는 언약궤를 두었다. 백성들은 성막 제사를 통해 죄 사함을 받고 하나님께 나아갈 수 있었다.

(2) 제1성전(솔로몬 성전)

이스라엘이 가나안에 정착한 후 하나님의 언약궤는 여전히 성막에 있었다. 왕국이 안정되었을 때 다윗이 하나님을 위해 성전을 짓고자 했으나 하나님께서 허락하지 않으셨다. 따라서 다윗은 그의 아들이 성전을 건축할 수 있도록 재료를 준비했고 솔로몬이 왕이 된 후 성전을 건축했다(왕상 6:38). 하나님은 장소에 제약을 받지 않으시지만 이스라엘 백성들에게 성전은 하나님이 계신 곳이었고, 성전이 이스라엘 가운데 있다는 것은 하나님의 축복이 그들에게 있다는 의미였다. 그러나 시간이 지나면서 이스라엘 백성들은 우상을 숭배하고 율법을 멸시하는 등 언약백성답게 살지 않으면서도 '성전이 있으니 하나님은 우리와 함께 하신다'는 안일한 생각을 했다. 결국 유다 백성들은 바벨론의 포로가 되었고 하나님의 성전은 파괴되었다(B.C. 586년).

(3) 제2성전(스룹바벨 성전)

유다 백성들은 이방 나라의 포로로 지내면서 하나님의 언약 백성으로서의 지위를 회복하고 싶어 했다. 하나님이 정하신 70년의 포로 생활을 마치고(렘 29:10~14) 스룹바벨과 함께 예루살렘으로 돌아온(B.C. 536년) 유다 백성들은 다시 하나님의 임재를 사모하며 하나님 중심적인 삶을 살고 과거의 죄를 반복하지 않겠다고 다짐했다. 그 의지를 담아 그들은 스룹바벨의 주도하에 제2성전을 건축했다(B.C. 516년). 비록 화려한 솔로몬 성전에 비해 작고 보잘 것 없었지만 백성들은 성전이 세워진 것을 기뻐했다(스 3:12; 학 2:3). 그 후 이 성전은 헬라(B.C. 169년)와 로마제국의 공격으로(B.C. 62년) 일부가 훼손되었다.

(4) 제3성전(헤롯 성전)

제3성전은 일부가 파괴된 채 볼품없이 방치된 제2성전을 헤롯 대왕이 복구하고 증축한 것이다(B.C. 20-A.D. 64년). 헤롯은 유대인들의 환심을 사기 위해 제2성전을 복구하였다. 예수님 당시 사람들은 이 성전의 화려함을 자랑스러워했으나 예수님은 그 성전이 곧 무너질 것이라고 말씀하셨다(막 13:1~2). 예수님의 말씀대로 헤롯 성전은 A.D. 70년에 로마에 의해 무너졌다.

성전의 의미

첫째, 성전은 하나님이 임재하시는 장소이다. 하나님은 솔로몬이 건축한

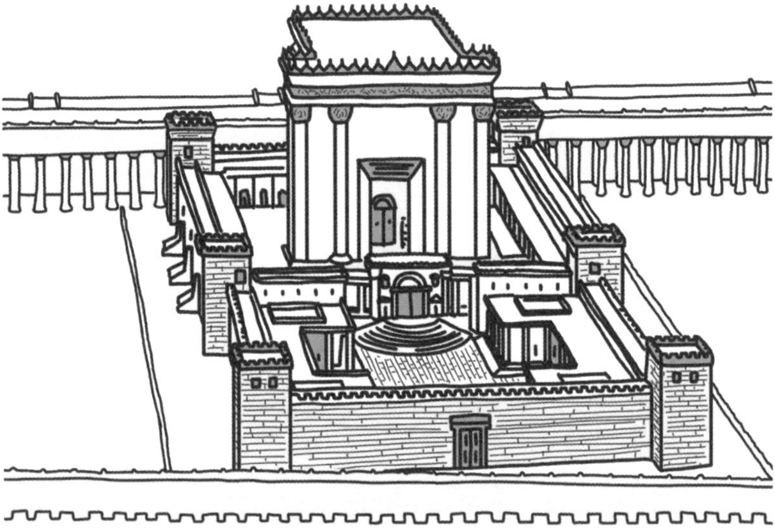

성전을 거룩하게 구별하여 하나님의 이름을 영원히 그 곳에 두겠다고 약속하셨다(왕상 9:3).

둘째, 이스라엘 백성은 성전에서 드리는 제사를 통해 죄를 용서받았다. 대제사장이 1년에 한 번 언약궤가 있는 지성소에 들어가 백성들의 죄를 대속하기 위해 제사를 드렸다.

셋째, 성전은 말씀을 배우는 장소였다. 이스라엘 사람들은 3대 절기에 성전에 올라가 말씀을 듣고 배웠다. 안식년 초막절에는 제사장들이 백성들에게 율법을 낭독하여 듣게 했다(신 31:10-11). 예수님도 유월절에 성전에 올라가셔서 선생들과 말씀에 대하여 듣기도 하고 묻기도 하셨다(눅 2:46). 솔로몬 성전이 무너지고 바벨론 포로로 잡혀간 이후에는 지역마다 세워진 회당이 성전 기능의 일부를 담당했다. 회당은 말씀을 낭독하고 연구하고 토론하는 장소가 되었다(눅 4:16).

넷째, 성전은 예수님의 모형이다. 예수님은 자신의 육체가 성전이라고 선언하셨다(요 2:21). 또한 성경은 예수님을 영접한 그리스도인들의 몸이 바로 '성령이 거하시는 성전'이라고 말한다(고전 6:19). 그러므로 신자들이 모인 교회에 하나님의 임재가 있으며(마 18:20), 그리스도인들은 예수님을 통해 죄 용서를 받고 하나님께 담대히 나아갈 수 있다(히 10:19).

07

지속적인 개혁을 위한 느헤미야의 헌신

(느헤미야 13:1~31)

영적 지도자는 포기하지 않고
공동체의 개혁을 위해 힘써야 한다.
이 과에서는 무너진 공동체를
다시 개혁하는 느헤미야의 모습을 통해
영적 개혁은 지속되어야 한다는 것을 배우게 된다.

도입 | 순원이 하나님 앞에서 결단한 것을 지키지 않고 옛 모습으로 돌아간 적이 있는가? 그때 당신은 어떤 마음이 들었는가?

유다 백성들의 세속화

암몬과 모압

1~3절의 암몬과 모압 사람에 대한 언급은 4절 이후의 내용과 연관이 있다. 이는 느헤미야가 암몬 사람 도비야와 관련된 사건(4~9절)과 이방인과의 결혼 문제, 특히 암몬과 모압 여인과의 결혼 문제(23~27절)를 심각하게 다루는 이유를 말해준다. 유다 백성들은 율법의 말씀을 듣고 회개할 때(9~10장) 율법에 기록된 대로(신 23:3~6) 암몬 사람과 모압 사람을 이스라엘 가운데서 모두 분리했다(3절). 그들을 분리했다는 것은 유다 땅에서 쫓아냈다는 것이 아니라 성전 예배에 참여하지 못하게 하고 하나님의 언약 백성으로 인정하지 않았다는 것을 의미한다.

1. 12년간 예루살렘 총독으로 있던(5:14) 느헤미야가 잠시 페르시아에 다녀온 사이에 예루살렘에는 성전과 관련하여 어떤 문제가 일어났는가? (1~14절)

2. 안식일에는 어떤 일이 벌어졌는가? 느헤미야는 이 일을 어떻게 처리했는가? (15~22절)

3. 이방인과의 결혼과 관련하여 어떤 일이 일어났는가? 이 일이 문제가 된 이유는 무엇인가? (23~27절; 참고 출 34:16)

유다 백성들은 이방인과 결혼하지 않고, 안식일과 안식년을 지키며, 하나님의 성전을 위해 헌금과 헌물을 드리겠다고 결단하며 언약을 갱신했다(10장). 하지만 그들은 성전 관리와 예배를 소홀히 했고 안식일을 지키지 않았으며 이방인과 결혼함으로 언약을 깨뜨렸다. 이러한 행동은 그들의 신앙이 세속화되었음을 보여준다. 세속화는 죄악의 영향 아래 있는 세상과 타협하여 그 풍속에 물들어 가는 것으로 하나님의 말씀을 중심에 두지 않을 때 일어난다.

4. 유다 백성들은 하나님께 헌신한 것을 저버리고 점차 세상과 타협하며 세속화되었다. 오늘날 그리스도인들이 세상과 타협하도록 유혹하는 것은 무엇인가?

느헤미야의 포기하지 않는 헌신

5. 12년간의 개혁에도 불구하고 이전의 상태로 돌아간 백성들을 본 느헤미야의 심정은 어떠했을까? 느헤미야는 이 문제들을 어떻게 해결했는가? (8~13, 17~22, 25~28절)

* 느헤미야의 심정

* 문제 해결

(1) 성전 관리와 예배를 소홀히 한 문제(8~13절)

(2) 안식일에 대한 문제(17~22절)

(3) 이방인과의 결혼 문제(25~28절)

6. 느헤미야는 유다 백성들을 다시 개혁하기 위해 힘쓰고 이를 위해 항상 기도했다. 이런 느헤미야의 모습을 보며 영적 지도자에 대해 무엇을 배울 수 있는가?

느헤미야는 성벽 재건(1~7장)을 통해 유다 백성들의 영적 재건(8~12장)을 이루려 했다. 영적 재건의 핵심은 유다 백성들이 성전 중심의 신앙과 율법 준수를 통한 언약 백성의 삶을 회복하는 것이었다. 앞서 유다 백성들은 말씀을 듣고 자신들의 죄를 회개하며 세 가지 영역에서 결단했다(8~10장). 그러나 13장은 느헤미야가 페르시아에 다녀온 사이에 이 헌신이 깨어져 다시 신앙 개혁을 일으키는 모습을 기록하고 있다. 이는 개혁이 지속적으로 시행되어야 함을 보여준다. 느헤미야서는 구약 역사서 중 마지막 책이다. 느헤미야서의 마지막 장에서 드러난 백성들의 연약함은 인간의 힘으로는 죄의 문제를 해결 할 수 없으므로 예수 그리스도가 필요함을 암시한다.

적용 | 당신과 공동체가 하나님 앞에서 헌신한 것을 잊고 다시 옛 모습으로 돌아간 영역이 있는가? 함께 돌아본 후 헌신 한 것을 지속적으로 지켜가기 위해 힘써야 할 것이 무엇인지 나누어보라.

결론 | 느헤미야는 세속화된 유다 백성들을 개혁하기 위해 포기하지 않고 끝까지 헌신했다. 그리스도인은 자신과 공동체가 세속화되지 않도록 경계하며 지속적으로 영적 개혁을 위해 힘써야 한다.

Article

07

변화는 계속되어야 한다

김윤희

'변화는 과정이지 한 번에 끝나는 이벤트가 아니다'(Change is a process, not an event)라는 말이 있다. 한번의 결심으로 사람이 '짠'하고 변화된다면 얼마나 좋겠는가! '이번 학기에는 영어를 완전 정복해야지!'라고 생각하며 영어 학원 새벽반에 등록하지만, 여러 번 빠지다가 결국 2~3주 만에 포기하고 만다. '다이어트에 꼭 성공해야지!'라고 결심하지만, '내일부터 하자'라는 구호를 외치며 오늘밤도 치킨과 포테이토칩을 열심히 먹는다. '이번 학기에 All A를 받아야지!'라고 굳게 다짐하지만, 이내 '성적이 인생의 전부는 아니야'라는 그럴듯한 말에 매료되어 '한 게임만 더 하고 스트레스를 푼 다음 열심히 공부하자'며 게임 사이트에 들어가고 만다. 정도의 차이는 있지만 누구나 이런 과정을 거치는 것이 사실이다. 그러나 이것에 위로를 받고 안주한다면 변화는 일어나지 않는다. 변화를 원한다면 이루고자 하는 목표를 향해 이런 과정을 박차고 일어나는 용기가 필요하다.

짐 헤멀링(Jim Hemerling)은 TED 강연에서 '끝없는 변화의 시대에 앞서가기 위한 다섯 가지 방법'(5 Ways to Lead in an Era of Constant Change)을 제안했다. 이 제안은 조직의 변화를 주도하는 지도자에게 해당되는 것이지만 개인의 변화를 위해서도 적용할 수 있다. 첫째, 뚜렷한 목표를 통한 동기부여가 필요하다. 무엇을 변화시키기 원하는가, 목표가 무엇인가, 나는 왜 그 목표를 이루어야 하는가에 대한 분명한 질문과 대답이 필요하다. 둘째, 모든 것을 걸어야 한다. 이루고자 하는 목표에 집중해야 변화가 시작될 수 있다. 한 번에 너무 많은 영역에 변화를 시도하면 힘이 분산되어 한 가지도 제대로 할 수 없다. 셋째, 변화가 일어나는 동안과 그 이후에도 지속적으로 성공하기 위한 역량을 갖추어야 한다. 필요한 역량을 갖추지 못한다면 간절히 원해도 변화를 이루기 어렵다. 넷째, 지속적으로 배우고 성장할 수 있는 문화를 만들어야 한다. 계속 배우지 않는다면 성장과 변화는 일어나지 않는다. 다섯째, 명확한 비전을 가지고 이를 위해 책임 있게 행동해야 한다.

느헤미야 13장에서 백성들은 개혁을 위해 결심하고 하나님의 뜻을 따르겠다고 맹세했는데 왜 다시 후퇴해서 과거의 죄를 반복했을까? 지도자인 느헤미야가 자리를 비운 사이 이런 일이 일어났다고 생각할 수 있다. 그러나 근본적으로 그들은 자신들의 개혁의지를 지키기 위해서 끊임없이 노력하고, 깨어있고, 훈련해야 한다는 것을 간과했다. 더 근본적인 원인을 분석해 보면, 그들은 죄의 본성이 개혁의지를 쉽게 끌어내려 과거보다 더 후퇴하도록 만들 수 있다는 무서운 현실을 보지 못했다. 죄를 경계해야 한다는 것을 놓친 순간, 그들은 결심했지만 다시 과거로 후퇴하는 악순환의 쳇바퀴에 들어가고 만 것이다.

사탄은 우리의 삶이 변화되고 개혁되어 멋지게 성장하는 것을 끊임없이 방해한다. 우리의 죄성을 이용해 한 번의 수련회, 한 번의 기도회, 한 번의 영적 경험만으로도 충분히 그리스도의 제자가 될 수 있다고 착각하게 만든다. 그러나 우리는 '이만하면 됐지!'라고 안주하는 순간 깊은 나락으로 떨어질 수 있음을 기억해야 한다. '순원 1명이면 충분하지!', '이 정도로 헌신하면 됐지, 뭐!'라고 생각하며 스스로를 제한하는 순간, 우리의 영적 성장은 멈추고 변화는 일어나지 않으며 하나님께서 나에게 주시려 했던 폭발적인 능력도 받을 수 없게 된다. "그리스도의 장성한 분량이 충만한 데까지" 성장하라는 성경 말씀(엡 4:13)이 아니라 '그만하면 됐다'는 사탄의 적당주의 속삭임에 귀를 기울인다면, 우리도 느헤미야 13장의 유다 백성들처럼 될 수 있다. 사도 바울도 "그런즉 선 줄로 생각하는 자는 넘어질까 조심하라"고 가르친다(고전 10:12). 잠언 24:16의 "대저 의인은 일곱 번 넘어질지라도 다시 일어나려니와 악인은 재앙으로 말미암아 엎드러지느니라"는 말씀은 의인이라도 한 번에 완전해지지 않으며 계속적으로 어려움을 이겨내고 전진해야 함을 잘 보여준다.

'개혁된 교회는 항상 개혁되어야 한다'는 유명한 말이 있다. 지속적으로 개혁하지 않으면 결국 개혁된 교회가 개혁의 대상이 된다는 의미이다. 이것은 단지 교회에만 적용되는 것이 아니다. 개혁된 개인도 항상 개혁되어야 한다. 그렇지 않으면 곧 성장이 멈춘 미성숙한 기독교인으로 전락할 수 있다.

느헤미야 13장에서 유다 백성들의 모습은 처참하게 끝난다. 그들에게 큰 희망이 보이지 않는다. 오로지 느헤미야만이 끊임없이 변화하고 스스로 개혁하고 성장하는 모습을 보여준다. 느헤미야는 마지막에 "내 하나님이여 나를 기억하사 복을 주옵소서"라고 기도한다(느 13:31). 그는 자신이 한 일들을 기억해 달라고 당당하게 하나님께 요청한다. 이것은 이기적인 기도가 아니다. 하나님 앞에 떳떳한 믿음의 기도를 한 것이다. 우리 모두가 이런 기도를 할 수 있기를 바란다. 계속 변화하고 개혁하는 삶을 살자!

미션 임파서블 개관

서론 성경은 구약 39권, 신약 27권, 모두 66권으로 되어 있다. 성경은 성령의 영감으로 기록된 하나님의 말씀으로 저자나 기록된 시기와 장소가 각각 다르지만 마치 한 권의 책처럼 통일성을 갖는다. 성경은 하나님의 나라, 언약, 하나님의 구원계획 등의 주제로 전체의 흐름을 살펴볼 수 있다. 이 책의 8~12과는 "미션 임파서블"(Mission Impossible)이라는 제목으로 하나님의 구원계획을 다룬다. '아브라함', '요나', '사도들', '우리'라는 주제로 구성된 미션 임파서블은 하나님이 죄 가운데 있는 인류를 구원하시기 위해 아브라함을 택하신 것과 그에게 주신 “땅의 모든 족속이 너로 말미암아 복을 얻을 것이라”(창 12:3)는 약속을 현재까지 어떻게 이루어 가시는지 살펴본다.

창조 족장 시대	출애굽 시대	사사 시대	통일 왕국	분열 왕국	포로 시대	포로 귀환 시대	신구약 중간기	예수 탄생	초대 교회				현재
아브라함				요나				예수님	사도들				우리

아브라함

노아 홍수 이후 노아의 자손들이 번성하면서 각 종족과 언어에 따라 나라를 이루게 된다. 창세기 11장의 바벨탑 사건은 어떻게 언어가 나뉘고 세상의 나라들이 세워졌는지를 말해준다. 바벨탑 사건은 인류가 하나로 연합하

여 하나님을 대적하며 스스로를 구원하려는 시도로 세상 나라들의 본질적인 특성을 나타낸다. 하나님은 이런 세상 나라들에 대응하는 하나님 나라를 세우기 위해 아브라함을 부르신다. 하나님은 믿음으로 순종하는 아브라함과 그의 후손(이스라엘)을 복의 통로로 삼으시고 모든 민족에게 구원의 복음을 알리기 원하셨다. 인간 스스로의 노력으로는 불가능한 인류 구원의 계획(Mission Impossible)을 시작하신 것이다.

요나

하나님의 구원계획에는 이스라엘뿐만 아니라 모든 민족이 포함된다. 먼저 택함을 받은 이스라엘은 모든 민족에게 하나님의 사랑과 구원을 전해야 하는 사명을 가지고 있었다. 그러나 니느웨로 가라는 말씀에 불순종한 요나의 모습은 하나님의 사랑과 그 사명을 이해하지 못한 이스라엘의 상태를 드러낸다. 하나님은 태풍, 물고기, 박넝쿨, 뜨거운 동풍을 사용하셔서 요나에게 모든 생명을 향한 하나님의 긍휼의 마음을 가르쳐 주신다. 이는 이스라엘이 자신들의 사명을 다시 깨닫게 하기 위함이다.

예수 그리스도

예수님 당시 이스라엘의 지도자들은 이방 민족에게 복의 통로가 되는 것에는 관심이 없고 자신들의 이익을 챙기기에 바빴다. 본질과 사명을 잃어버린 이스라엘의 불순종은 예수 그리스도를 향한 태도에서 정점에 이른다. 성전 청결 사건이나 무화과나무 사건은 이스라엘이 더 이상 복의 통로가 되지 못

함을 보여준다. 이에 예수님은 혈통적 이스라엘이 아니라 믿음으로 예수님을 받아들이고 순종하는 제자들을 통해 하나님의 구원계획을 이어가신다.

사도들

하나님의 구원계획은 이제 성령의 능력을 받은 사도들에 의해 계속된다. 사도들은 "예루살렘과 온 유대와 사마리아와 땅 끝까지 이르러 내 증인이 되리라"(행 1:8)는 예수님의 말씀을 따라 예루살렘을 넘어 로마 제국 전역에 복음을 증거한다. 특히 바울은 이방인의 사도가 되어 목숨도 아끼지 않는 헌신과 열정으로 이방인들에게 복음을 전한다.

우리

하나님께서 아브라함에게 약속하신 복은 온 인류에게 죄 사함과 영원한 생명을 주시려는 하나님의 구원계획이었다. 복음을 땅 끝까지 전하는 사명은 사도들과 제자들을 통해 우리에게 맡겨졌다. 오늘날 우리는 기술의 발전으로 이전 세대보다 효과적으로 복음을 전할 수 있게 되었다. 우리는 하나님이 구원계획을 반드시 이루실 것을 믿음으로 바라보며 땅 끝까지 복음을 전하는 일에 적극적으로 동참해야 한다.

BUILDING SPIRITUAL MOVEMENTS EVERYWHERE

08

미션 임파서블 1

아브라함: 구원계획의 시작

(창세기 11:1~9; 12:1~9)

죄에 빠진 인간은 스스로를 구원할 수 없다.
이 과에서는 아브라함을 통해
인류를 구원하기 위한
하나님의 위대한 계획이
시작되는 것을 살펴보게 된다.

도입 | 당신이 모든 언어를 할 수 있다면 어느 나라에 가서 무엇을 하고 싶은가?

창세기 1~10장 요약

하나님은 사람을 창조하시고 에덴동산에 두시며 '생육하고 번성하며 땅에 충만하라. 땅을 정복하고 바다의 물고기, 하늘의 새, 땅의 모든 짐승을 다스리라'는 축복과 명령을 주셨다(창 1:28). 하나님의 형상대로 지음 받은 아담과 하와는 하나님과 교제하며 하나님의 뜻대로 이 세상을 돌보도록 특권과 책임을 부여받았다. 그러나 그들은 하나님처럼 될 수 있다는 사탄의 유혹에 넘어가 하나님이 금지하신 선악과를 먹음으로 에덴동산에서 추방되었다. 하나님처럼 되고자 하는 인간의 교만이 불신과 불순종의 죄악으로 드러난 것이다.

인간이 에덴동산에서 추방된 후에도 하나님은 은혜를 베푸셔서 아벨의 제사를 받으셨지만 형 가인은 이를 시기하여 아벨을 죽였다. 이후에도 인간은 계속 죄를 지어 죄가 세상에 가득하게 되었고 부패와 폭력이 온 땅에 난무했다. 하나님은 인간의 모든 계획이 항상 악할 뿐임을 보시고 인간과 모든 생물을 홍수로 심판하셨다(6:5~13).

하나님은 다시 한 번 경건한 사람 노아에게 아담에게 주셨던 축복과 명령을 주시며(9:1~9) 인류가 새롭게 시작할 수 있는 기회를 주셨다. 그러나 홍수 후 번성한 노아의 후손들은 또 다시 하나님께 대적했고 그 결과 그들은 여러 언어와 나라로 나눠지게 되었다(10~11장).

바벨탑 사건

1. 사람들은 시날 평지에서 무엇을 하려고 했는가? (11:1~4)

2. 사람들이 바벨탑을 쌓으며 한 말의 의미를 생각해보라. 그들은 어떤 의도로 바벨탑을 쌓았는가? (11:4)

* 탑 꼭대기를 하늘에 닿게 하여

* 우리의 이름을 내고

* 온 지면에 흩어짐을 면하자

3. 하나님은 바벨탑 건설을 어떻게 중지시키셨는가? 하나님께서 그들이 바벨탑을 쌓도록 내버려두셨다면 어떤 세상이 되었을 것이라고 생각하는가? (11:5~9; 참고 창 6:5)

바벨탑이 상징하는 세상 나라는 인간의 이기적이고 죄악된 본성으로 인해 불의와 폭력이 난무하는 약육강식의 사회가 될 수밖에 없다. 이러한 죄의 문제가 해결되지 않는 한 인간은 평안과 구원을 누릴 수 없다. 따라서 하나님은 인류를 죄에서 구원하시기 위해 한 사람, 아브라함을 택하셨다.

아브라함을 부르신 하나님

4. 바벨탑 사건 이후 하나님이 아브라함에게 나타나셔서 어떤 명령과 약속을 주셨는가? 이 약속을 통해 하나님이 궁극적으로 이루시고자 한 것은 무엇인가? (12:1~3; 참고 창 18:18~19)

* 아브람(12:1): 아브라함의 옛 이름으로 '존귀한 아버지'라는 뜻이다. 하나님이 아브라함에게 아들을 주시겠다고 약속하신 지(75세, 창 12:4) 24년이 지난 후 약속을 상기시키시며 그의 이름을 아브라함, 즉 '열국의 아버지'로 바꾸신다(99세, 창 17:1~5). 이는 하나님께서 아브라함의 자손을 통해 한 나라를 이루시겠다는 약속의 성취를 암시한다.
* 의와 공도(18:19): 하나님은 이스라엘이 여호와의 율법을 지켜 공의와 정의를 실현함으로 세상 나라와 구별되기 원하셨다.

5. 아브라함이 하나님의 명령을 따르려고 했을 때 어떤 어려움이 있었을까?

6. 아브라함은 하나님의 명령과 약속에 어떻게 반응했는가? 하나님의 구원계획이 성취되는 과정에서 아브라함의 순종이 중요한 이유는 무엇인가? (12:4~5)

적용 | 바벨탑을 쌓으며 하나님을 거부한 시대에도 하나님은 한 사람의 순종을 통해 하나님의 구원계획을 이루어가셨다. 지금 당신이 믿음으로 하나님께 순종해야 할 것은 무엇인가?

결론 | 하나님은 믿음으로 순종한 아브라함을 통해 인류를 구원하기 위한 위대한 계획을 시작하신다. 그리스도인은 어떤 상황에서도 믿음으로 순종하여 하나님의 뜻을 이루어가야 한다.

Article

08

하나님의 구원계획 1

릭 제임스(Rick James)

세상은 우리 존재에 대해 어떤 의미를 각인시키기 위해 끊임없이 그럴듯한 이야기를 만들어낸다. 예를 들어, 애니메이션 "라이온 킹"(The Lion King)은 삶이 생명 순환의 일부라는 관점을 제시한다. '이 세상에 있는 생명체들은 살아가며 고통당하고 죽는다. 누군가의 먹잇감이 되어 죽어가는 것이 무의미해 보이지만 끝이 아니다. 그들은 생명 순환의 일부가 된다. 그들의 죽음의 토대 위에 새로운 생명체가 태어나고 생명은 순환된다.' 그럴듯한 관점이다. 하지만 정말 생명 순환이 우리 존재의 유일한 목적인가?

"300", "알라모", "홀로코스트"와 같은 영화들도 삶의 의미에 대한 나름대로의 관점을 제시한다. 이런 역사적인 영화를 제작하는 사람들은 세상 사람들의 생각 속에 기억될 때 역사적인 사건과 사람들이 살아있을 수 있다고 믿는다. 하지만 '다른 사람들의 생각과 마음에 기억되는 것'이 우리 삶의 궁극적인 의미가 될 수 있을까?

이처럼 삶의 의미와 존재의 목적을 제공하기 위해 많은 소설과 영화들이 다양한 이야기들을 꾸며낸다. 이런 이야기들은 하나님 없이 사는 사람들에게 삶의 의미에 대한 그럴듯한 관점을 제공한다.

그러나 우리의 삶의 의미와 존재에 대한 분명한 답은 성경을 통해서만 발견할 수 있다. 그리스도를 떠나서는 삶의 의미가 없다. 우리는 누구이며 어떤 존재인가? 우리는 왜 이곳에 존재하는가? 사람들은 왜 고통을 당하는가? 우리가 죽으면 어디로 가는가? 하나님의 거대한 구원계획을 이해할 때 우리는 이러한 질문들에 답할 수 있다.

성경의 구성과 그리스도인의 삶

모든 이야기는 전달하고자 하는 메시지가 있고, 그 메시지를 통해 이루고자 하는 목적이 있다. 그리고 그 메시지를 드러내기 위해 '도입-전개-절정-결말'이라는 구성을 갖는다. 구성은 인과관계로 연결된 사건들이 갈등 속에서 절정에 이르러 결국 해결되는 이야기의 흐름이다. 예를 들어, C. S. 루이스(C. S. Lewis)의 『나니아 연대기』는 나니아에 있는 아슬란을 통해 그리스도의 사랑이 얼마나 위대한지 말하고 있으며, 이를 통해 독자가 그리스도를 사랑하게 하려는 목적이 있다. 이를 위해 저자는 나니아를 지배하려는 마녀와 이를 막으려는 아슬란 사이의 갈등을 통해 전개와 절정을 만들어내고, 아슬란의 희생으로 결말을 맞도록 이야기를 구성했다. 이렇듯 모든 이야기에는 주인공이 대적자와의 갈등을 거쳐 해결을 맞이하는 구성이 있는 것이다.

인류의 구원의 역사를 이야기하고 있는 성경도 구성을 갖고 있다. 성경에 나타난 구성은 하나님이 그에게 대적하는 악의 세력들로부터 그의 백성들을 구원하시고 그들을 통해 하나님의 나라를 완성하시는 결말을 보여준다. 이러한 구성을 자세히 이해하고 '하나님의 구원계획'이라는 거대한 흐름에서 자신의 위치를 알게 될 때, 그리스도인은 자신의 역할을 깨닫고 삶의 목적과 의미를 발견할 수 있다.

창세기의 시작

성경은 창세기로 시작한다. 아담과 하와의 이야기는 인류가 하나님의 형상을 가진 독특한 피조물이며 이 세상에서 하나님의 나라를 다스리는 하나님의 대리인이었음을 말해준다. 인간이 하나님의 형상으로 만들어졌다는 것은 다른 피조물들과 달리 자유의지를 가진 존재로 창조되었음을 말한다. 스스로 가치판단을 하고 선택할 수 있게 하는 자유의지는 인간에게 주어진 특권이기도 하지만 동시에 죄를 지을 수 있는 가능성을 포함하고 있다. 이러한 배경 속에서 대적자인 사탄이 나타나 인간은 타락하게 되고, 인류의 갈등이 시작된다.

우리는 성경을 통해 물질적인 세계와 분리된 영적인 세계가 존재한다는 것과 영적인 존재가 있다는 것을 알 수 있다. 영적인 존재들의 일부는 하나님께 반역하기로 선택했고 그 결과, 하나님을 대항하여 우주적 전쟁을 일으키는 구도를 만들었다. 하나님께 반역한 악한 세력은 아담과 하와뿐 아니라 그 후손들을 유혹하여 하나님을 대적하게 만들었고 그들을 파멸로 이끌었다.

이렇게 절망적인 상황에서 하나님은 무엇을 계획하시고 어떤 일을 시작하셨는가? 비록 아담과 하와는 실패하고 타락했지만 하나님은 그들을 구원하기 위해 치러야 할 대가를 상관하지 않으시고 즉시 개입하셨다.

---

1) 300명의 스파르타 용사가 페르시아 대군과 싸우는 역사판타지 영화이다.
2) 텍사스주가 독립을 위해 알라모에서 멕시코군과 싸웠던 것을 그린 영화로 1960년 작품이다.
3) 나치 정권과 그 협력자들이 6백만의 유태인에게 자행한 탄압과 대량 학살을 다루는 영화이다.

구조 작업

아담과 하와가 죄를 짓고 하나님의 뜻대로 온전히 행하지 못했지만 아벨이라는 경건한 아들은 인류의 역사에 희망을 안겨주었다. 그러나 그 희망은 오래 가지 않았다. 아벨은 형 가인에 의해 들판에서 잔인하게 살해되었고 그 후 가인의 후손들을 통해 악이 폭발적으로 증식했다. 인류 역사의 초기 단계인 창세기 6장에서 이미 인류에 대한 평가가 내려진다. “여호와께서 사람의 죄악이 세상에 가득함과 그의 마음으로 생각하는 모든 계획이 항상 악할 뿐임을 보시고 땅 위에 사람 지으셨음을 한탄하사 마음에 근심하시고” (창 6:5~6).

죄가 인류에 스며들어 악이 폭발적으로 증식하는 상황에서 하나님은 의로운 한 사람 노아를 제외한 모든 인류를 홍수로 심판하셨다. 노아와 그의 가족은 심판의 홍수로부터 보존되었고 그들은 새로운 세상에 심겨진 거룩한 씨앗이 되었다.

그러나 악한 세력들의 반역은 끝나지 않았다. 악의 직접적인 위협은 홍수에 침몰되어 버렸지만 죄는 잔존하고 증식하였다. 창세기 11장에서 죄가 다시 결집하는 것을 보게 되는데 이번에는 바벨의 도시에서였다. 그곳에서 인류는 하늘에 닿기 위해 함께 모여 높은 탑을 쌓았다. 이 사건에 대한 하나님의 평가는 다음과 같다. "여호와께서 이르시되 이 무리가 한 족속이요 언어도 하나이므로 이같이 시작하였으니 이 후로는 그 하고자 하는 일을 막을 수 없으리로다"(창 11:6). 하나님은 지금 그들을 막지 않는다면 인류가 또다시 죄로 물들 것을 아시고 인간의 언어를 흩으셨다. 하나님의 자비로운 중재로 계속 퍼지는 죄의 잠재력이 약화되었다.

창세기의 초반에 등장하는 인물들과 구성은 인간들이 악한 세력의 유혹에 넘어가 하나님께 대항하며 갈등이 증폭되는 모습을 드러낸다. 이에 대해 창세기 12장은 하나님이 그의 나라를 세우기 위해 아브라함을 부르시고 인류 구원계획을 시작하시는 것을 보여준다. 우리는 앞으로 이런 갈등 속에서 하나님이 구원계획을 어떻게 이루어 가시는지 그 전개되는 과정을 보게 될 것이다.

8~12과의 아티클은 Rick James의 글을 발췌하여 재편집한 것이다.
Rick James, *Mission Impossible: The Plot of History and the Drama of Today*(Critical Concept Series, Volume 1, 2008).

09

미션 임파서블 2

요나:
사명을 망각한 이스라엘

(요나 1~4장)

하나님은 모든 민족을 구원하기 원하신다.

이 과에서는 요나를 통해

불순종하는 이스라엘의 모습과

악한 민족이라도 구원하시려는

하나님의 마음을 살펴보게 된다.

하나님께서는 아브라함에게 '땅의 모든 족속이 너로 말미암아 복을 받을 것'이라고 약속하셨다. 하나님의 약속대로 아브라함의 후손들은 나라를 이루었다. 이스라엘은 하나님의 백성으로서 공의와 정의를 행하고 모든 족속이 구원을 받을 수 있도록 복의 통로의 역할을 감당해야 할 책임이 있었다. 하나님은 악한 니느웨도 구원하기 원하셨고, 이를 위해 요나를 부르셨다.

도입 | 하나님의 뜻인 것을 알면서도 순종하기 싫었던 경우를 떠올려 보며 함께 나누라.

요나서의 시대적 배경

아밋대의 아들 요나는 여로보암 2세(B.C. 793~753년)의 통치 기간 중에 사역한 북이스라엘의 선지자였다(욘 1:2; 왕하 14:25~27). 그는 앗수르의 수도 니느웨에 파송된, 이방인을 위한 최초의 선지자이기도 하다.

니느웨는 길이가 약 50km, 너비가 약 16km인 성으로 당시 고대 근동지역의 큰 성읍 중 하나였다. 앗수르는 포로들을 잔혹하게 다루는 포악한 민족으로 알려져 있다. 앗수르는 당시의 최대 강국으로 이스라엘에게 가장 위협이 되는 나라였고, 실제로 50년 뒤 북이스라엘이 앗수르에 의해 멸망하게 된다.

요나의 불순종

1. 하나님께서 요나에게 명령하신 것은 무엇이며 이렇게 명령하신 이유는 무엇인가? (1:1~2; 참고 창 12:1~3)

2. 하나님의 명령에 요나는 어떻게 반응했으며 요나가 그렇게 반응한 이유는 무엇이라고 생각하는가? 하나님은 이러한 요나를 어떻게 다루셨는가? (1:3~17)

2장 요약: 요나의 기도

요나는 하나님의 명령에 불순종하여 바다에 던져졌지만 하나님은 초자연적인 역사로 그를 죽음의 위기에서 구하시며 다시 기회를 주신다. 물고기 뱃속에서 3일을 보낸 요나는 회개하며 죽음에서 구원하신 하나님께 감사한 마음으로 소명에 대한 새로운 결단을 한다(4, 9절). 물고기가 요나를 육지에 토해낸 후 요나는 니느웨로 가서 하나님의 말씀을 전하라는 명령에 순종한다(3:1~4).

모든 민족을 향한 하나님의 마음

3. 요나는 하나님의 명령에 따라 니느웨 성으로 가서 니느웨가 40일 만에 무너질 것이라고 선포했다. 요나가 선포한 후 니느웨 성에는 어떤 일들이 일어났는가? (3:1~10)

4. 니느웨를 구원하신 하나님에 대해 요나는 어떻게 반응하고 있는가? 선지자인 요나의 태도를 볼 때 당시 이스라엘이 이방인에 대해 어떤 태도를 가지고 있었다고 보이는가? (4:1~4)

5. 하나님은 분노하는 요나를 어떻게 다루시는가? 이를 통해 하나님이 요나에게 가르치시고자 한 것은 무엇인가? (4:4~11)

6. 하나님은 하나님의 마음을 이해하지 못하고 끊임없이 불순종하는 요나를 친절히 가르치신다. 하나님은 당신이 하나님의 마음을 깨닫도록 어떻게 인도해 오셨는가?

적용 | 하나님은 아무리 악한 사람이라도 회개하여 용서받고 구원받기를 원하신다. 당신은 용서하기 어려워 복음을 전하는 것이 주저되는 개인이나 그룹이 있는가? 주저되는 마음을 어떻게 극복하고 그들에게 다가갈 수 있을지 나눠보라.

결론 | 하나님은 니느웨가 회개했을 때 재앙을 거두심으로 하나님의 구원계획에는 모든 민족이 포함된다는 것을 알려주신다. 그리스도인은 모든 사람을 긍휼히 여기시는 하나님의 마음을 이해하고 편견 없이 복음을 전해야 한다.

Article

09

하나님의 구원계획 2

릭 제임스(Rick James)

이스라엘

지도에서 이스라엘의 위치를 보면, 이스라엘이 거대한 두 대륙(아프리카와 아시아)을 잇는 전략적 요충지임을 알게 된다. 이것은 우연이 아닌 것으로 보인다. 하나님은 이스라엘이 "산 위에 있는 동네"(마 5:14), 즉 두 대륙을 잇는 도로 위에 있으면서 누구나 가보기 원하는 명소가 되기를 원하셨다. 하나님은 그곳을 지나는 모든 사람들이 하나님의 통치와 다스림을 받는 이 특별한 나라를 주목하기 원하셨다. 이스라엘은 세상을 향한 하나님의 선교의 첫 열매였으며 세상에서 그의 나라를 확장시키기 위한 토대가 되었다.

하나님의 계획이 얼마나 탁월한지 생각해보라. 바벨탑 사건 후 가족과 씨족을 중심으로 수많은 작은 나라들이 생겨났다. 이 나라들은 온 세상에 흩어져 하나님께 반역하며 스스로의 힘으로 살았다. 하나님을 떠나 어둠속에 있는 나라들에 빛을 비추기 위해서는 강력한 빛을 비추는 큰 등대가 필요했다. 한 사람이나 가족 단위는 온 세상에 빛을 비추기에 충분하지 않았다. 따라서 하나님은 모든 민족을 하나님께로 돌아오게 할 만큼 경건하고 힘 있는 한 민족을 세우셨다.

하나님께서는 아브람이라는 의로운 사람을 부르셔서 한 나라를 이루게 하셨다(아브람의 의미는 "고귀한 아버지"이고 나중에 "열국의 아버지"라는 뜻인 아브라함으로 바뀌게 된다). 이 새로운 나라의 첫 번째 시민인 아브라함과 그의 아내 사라가 70대였던 것은 우연이 아니다. 왜냐하면 나이 들어 아기를 낳을 수 없는 그들로부터 자손이 탄생한다는 것은 생명을 창조하시는 하나님의 기적적인 능력을 보여주기 때문이다.

창세기 12장에서 하나님은 아브라함에게 고향집을 떠나 가나안으로 가라고 하시며, 정한 때에 그와 그의 자손들이 모든 민족들을 하나님께로 돌아오도록 섬기는 나라가 되게 하겠다고 말씀하신다. 하나님은 아브라함의 후손인 이스라엘이 세상 한가운데에 빛을 비추는 등대의 나라가 되기를 원하셨다. 이를 위해 하나님은 아브라함에게 명령과 약속을 주셨다.

> 여호와께서 아브람에게 이르시되 너는 너의 고향과 친척과 아버지의 집을 떠나 내가 네게 보여줄 땅으로 가라 내가 너로 큰 민족을 이루고 네게 복을 주어 네 이름을 창대하게 하리니 너는 복이 될지라 너를 축복하는 자에게는 내가 복을 내리고 너를 저주하는 자에게는 내가 저주하리니 땅의 모든 족속이 너로 말미암아 복을 얻을 것이라 하신지라 (창 12:1~3)

위의 말씀에서 하나님의 계획, 즉 하나님이 이스라엘 민족을 세우신 목적을 주목해보라. 그것은 땅의 모든 민족들이 이스라엘을 통하여 복을 받고 유일하신 참 하나님을 알 수 있게 하기 위함이었다. 그들은 세상에 하나님의 나라를 확장하기 위한 복의 통로가 되기 위해 복을 받았다. 창세기를 포함하여 하나님이 수세기동안 이스라엘을 다루신 것을 기록한 39권의 구약 성경은 모두 이 이야기와 관련이 있다. 이 이야기의 흐름을 보여주는 구약 성경의 몇 구절을 살펴보자.

> 너희의 하나님 여호와께서 요단 물을 너희 앞에서 마르게 하사 너희를 건너게 하신 것이 너희의 하나님 여호와께서 우리 앞에 홍해를 말리시고 우리를 건너게 하심과 같았나니 이는 땅의 모든 백성에게 여호와의 손이 강하신 것을 알게 하며 너희가 너희의 하나님 여호와를 항상 경외하게 하려 하심이라 하라 (여호수아 4:23~24)
>
> 주는 계신 곳 하늘에서 들으시고 이방인이 주께 부르짖는 대로 이루사 땅의 만민이 주의 이름을 알고 주의 백성 이스라엘처럼 경외하게 하시오며 또 내가 건축한 이 성전을 주의 이름으로 일컫는 줄을 알게 하옵소서 (왕상 8:43)
>
> 우리 하나님 여호와여 원하건대 이제 우리를 그의 손에서 구원하옵소서 그리하시면 천하 만국이 주 여호와가 홀로 하나님이신 줄 알리이다 하니라 (왕하 19:19)
>
> 하나님은 우리에게 은혜를 베푸사 복을 주시고 그의 얼굴빛을 우리에게 비추사 주의 도를 땅 위에 주의 구원을 모든 나라에게 알리소서 (시 67:1~2)
>
> 그가 이르시되 네가 나의 종이 되어 야곱의 지파들을 일으키며 이스라엘 중에 보전된 자를 돌아오게 할 것은 매우 쉬운 일이라 내가 또 너를 이방의 빛으로 삼아 나의 구원을 베풀어서 땅 끝까지 이르게 하리라 (사 49:6)

하나님의 계획은 완벽했지만, 주연으로서 이스라엘의 역할은 그리 탐탁지 못했다. 이스라엘은 우상숭배에 빠져 다른 나라의 신들을 숭배했으며 세상의 조롱거리가 되었다. 그들은 국가적이고 국제적인 위기 속에서도 하나님을 신뢰하지 않았으며 부패가 만연했다. 그들의 삶은 율법주의와 위선으로 가득 찼다. 이스라엘의 이런 모습은 하나님 나라에 대한 매력적인 광고가 되지 못했다. 아프리카와 아시아 사이를 잇는 고속도로 위의 보기 싫은 광고판일 뿐이었다. 차라리 디즈니월드가 새로운 세상에 대해 훨씬 더 밝고 빛나는 비전을 제시했다고 말할 수 있다.

요나

구약의 모든 책 중에서 요나서가 이스라엘이 열방에 빛을 비추는 데 실패한 이유를 가장 분명하고 선명하게 보여준다.

앗수르 제국의 수도인 니느웨는 역사상 가장 타락한 도시였다. 하나님은 이 도시를 심판하실 수밖에 없었지만 긍휼을 베푸셔서 임박한 심판을 미리 경고하려고 하셨다. 그래서 하나님은 이스라엘의 선지자 요나를 부르셔서 심판과 회개의 메시지를 가지고 니느웨로 가라고 하셨다. 그러나 요나는 사명을 받자마자 니느웨의 반대 방향인 다시스로 가는 배를 탔다. 그는 선지자의 사명을 거부한 것이다. 하나님은 큰 물고기를 사용하여 그를 삼켜서 돌이키게 하셨다. 요나는 썩 내키지는 않았지만 하나님의 메시지를 전하기 위해 니느웨로 발길을 돌렸다.

그런데 요나의 경고가 울려 퍼지자 기적이 일어났다. 니느웨가 회개한 것이다. 그것도 도시 전체가! 그것은 역사상 가장 위대한 회개와 부흥 가운데 하나였다. 이 기적과 같은 사건에 대해 요나는 이해할 수 없는 반응을 보인다. 수많은 사람들이 회개했지만 요나는 불쾌해하고 화를 냈다.

> 요나가 매우 싫어하고 성내며 여호와께 기도하여 이르되 여호와여 내가 고국에 있을 때에 이러하겠다고 말씀하지 아니하였나이까 그러므로 내가 빨리 다시스로 도망하였사오니 주께서는 은혜로우시며 자비로우시며 노하기를 더디하시며 인애가 크시사 뜻을 돌이켜 재앙을 내리지 아니하시는 하나님이신 줄을 내가 알았음이니이다 여호와여 원하건대 이제 내 생명을 거두어 가소서 사는 것보다 죽는 것이 내게 나음이니이다 하니 (욘 4:1~3)

요나는 이스라엘의 모습을 보여준다. 이스라엘이 원했던 것은 하나님이 니느웨 성을 무너뜨리고 돌무더기로 만들어 타락한 백성들을 심판하시는 것이었다. 이스라엘은 민족주의에 빠져있었다. 그들이 가진 특별한 지위가 니느웨보다 의롭기 때문이라고 생각한 것이다. 그러나 그것은 오산이었다. 하나님으로부터 받은 복은 아무 대가 없이 얻은 것이었고 다른 민족들을 축복하기 위한 것이었다. 그러나 요나는 니느웨 만큼은 반드시 멸망해야 한다는 생각으로 쪼그리고 앉아 천국에서 니느웨를 파괴할 전투기를 보내달라고 기도하며 기다렸다.

이스라엘은 하나님의 은혜의 통로가 되기는커녕 하나님의 구원계획을 방해하는 걸림돌이 되었다. 이스라엘은 축복을 받았으나 그 축복을 나누기를 꺼려했다. 모든 나라의 모범이 되어야 할 이스라엘이 하나님의 나라의 확장에 방해가 되었기 때문에 이스라엘을 대체할 필요가 있었다. 그럼에도 하나님은 다윗과 선지자들에게 약속하신대로 이스라엘에 메시아를 보내셨고 그들에게 마지막 기회를 주셨다.

Rick James, *Mission Impossible: The Plot of History and the Drama of Today*(Critical Concept Series, Volume 1, 2008).

10

미션 임파서블 3

예수 그리스도: 제자들을 세우심

(마태복음 28:18~20; 마가복음 3:13~19, 11:12~23; 요한복음 1:9~14)

하나님의 구원계획은
믿음으로 순종하는 자들을 통해 이어진다.
이 과에서는 예수 그리스도가 오심으로
하나님의 구원계획이 혈통적 이스라엘이 아닌
제자들을 통해 이어지는 것을 보게 된다.

하나님은 불순종으로 가득한 세상에서 아브라함을 불러내어 그의 자손을 통해 온 인류를 구원하시려는 계획을 가지고 계셨다. 그러나 이스라엘은 온 인류를 향하신 하나님의 구원계획을 이해하지 못했고, 복의 통로가 되어야 하는 자신들의 사명을 망각했다. 예수님의 시대에도 여전히 그들은 맡겨진 역할을 감당하지 않았을 뿐 아니라 하나님의 거룩한 백성으로서 행해야 할 공의와 정의를 행하지도 않았다.

도입 | 당신이 기도하며 양육했던 순원이 순장이 되고 싶어 하지 않는다면 당신의 마음은 어떠할 것 같은가?

마가복음 11:12~21의 구조적 특징

예수님이 성전에서 사람들을 책망하신 사건(15~18절)은 잎만 무성한 무화과나무를 저주하신 것과(12~14절) 그 나무가 뿌리째 마른 이야기(20~21절) 사이에 들어있다. 한 사건에 대한 서술이 끝나기 전에 다른 사건이 삽입된 구조는 마가복음에 자주 등장하는 특징으로 두 사건이 서로 긴밀하게 연결됨을 나타낸다.

열매 맺지 못하는 이스라엘

1. 베다니에서 나오신 예수님은 길을 가던 중 어떤 행동을 취하셨는가? 예수님의 행동에 대해 당신은 어떤 생각이 드는가? (막 11:12~14)

예수님이 저주하신 무화과나무

이스라엘에서 흔하게 볼 수 있는 무화과나무는 구약에서 종종 이스라엘을 상징한다(호 9:10; 욜 1:7). 본문의 배경은 유월절 직전인 3월경으로 추측된다. 무화과는 5월과 9월에 수확하는 과일로 예수님이 지나가시던 당시 무화과나무는 설익은 열매라도 맺고 있어야 했다. 실제로 가난한 자들은 설익은 무화과를 따 먹기도 했다. 하지만 예수님이 저주하신 무화과나무는 잎사귀만 있었기에 시간이 지나 수확할 때가 되어도 아무것도 딸 수 없는 상태였다.

2. 예루살렘 성전에 들어가신 예수님은 무엇을 하셨는가? 예수님이 화를 내신 이유는 무엇인가? (막 11:15~17; 참고 사 56:6~7)

[성전 도면]

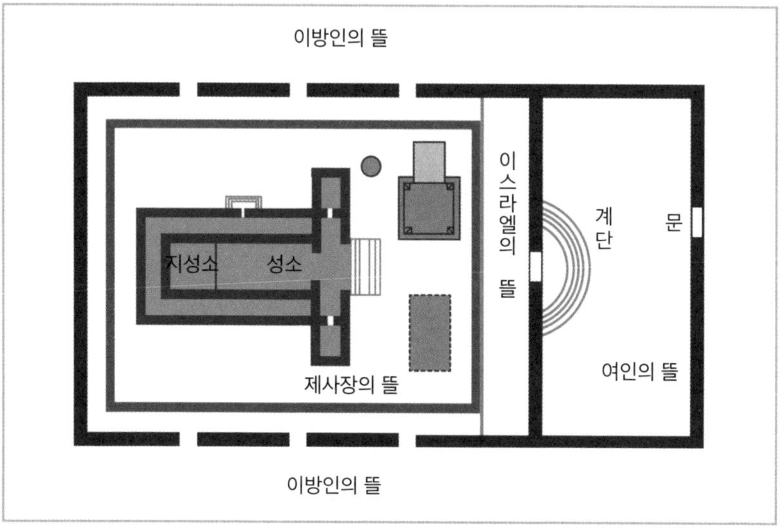

마가복음 11:15에 대한 이해

* 예수님이 들어가신 성전은 성전의 뜰을 가리키며 이방인의 뜰이라고도 불렸다. 이곳은 이방인들이 하나님께 기도하고 랍비들의 강론을 들을 수 있도록 허용된 장소였다. 이곳에서 이뤄지는 매매행위는 이방인들이 하나님께 나아오는 데 방해가 되었다.
* "매매하는 자들"은 제사에 드릴 소, 양, 염소, 비둘기를 사고파는 자들이다. 당시 먼 곳에서 제사 드리러 온 백성들이 흠 없는 제물을 드릴 수 있도록 성전 가까운 곳에서 제물을 팔았다. 하지만 종교지도자들이 상인들과 결탁하여 자신들이 파는 동물만 제물로 사용할 수 있도록 허가하여 부당한 폭리를 취했다.
* 20세 이상의 이스라엘 남자들은 성전세로 반 세겔을 바쳐야 했다(출 30:11~16). 당시 로마제국의 여러 지역에 살던 사람들은 대부분 로마나 헬라 화폐를 가지고 와서 성전에서만 사용하는 화폐로 환전해야 했다. "돈 바꾸는 자들"은 종교지도자들과 결탁하여 높은 환전 수수료를 착복했다.

위와 같이 불의를 행하던 대제사장들과 서기관들은 예수님이 자신들의 종교적 권위와 경제적 이익에 위협이 된다고 여겨 결국 예수님을 죽이려 했다(막 11:18~19절).

3. 무화과나무 사건과 성전에서 일어난 사건은 어떤 관련이 있는가? 예수님이 저주하신 대로 무화과나무가 뿌리째 말라있었다는 것은 무엇을 말하는가? (막 11:20~21)

뿌리째 마른 무화과나무를 통해 이스라엘에게 주신 예수님의 경고는 이스라엘이 지속적으로 사명을 망각한 결과 복의 통로의 역할을 더 이상 수행할 수 없음을 말한다. 그럼에도 하나님은 인류를 구원하시려는 계획을 중단하지 않으시고 이 사명을 감당할 새로운 자들을 세우신다.

제자들을 세우시는 예수 그리스도

4. 아브라함을 통해 이스라엘에게 주신 사명은 예수님이 오심으로 어떻게 전환점을 맞이하게 되었는가? (요 1:9~14)

5. 인류를 향한 하나님의 구원계획이 지속되기 위해 예수님은 어떤 방법을 택하셨는가? (막 3:13~19)

6. 예수님은 승천하시기 전 함께했던 제자들에게 어떤 명령을 주셨는가? 예수님은 제자들에게 이 명령을 하시며 무엇을 기대하셨는가? (마 28:18~20)

적용 | 이스라엘이 사명을 감당하지 못하자 '복의 통로'의 역할은 열 두 제자들에게 넘어갔다. 당신의 삶에 이스라엘처럼 본질을 잃어버리고 형식에만 치우친 것이 있는지 돌아보라. 어떻게 본질을 회복할 수 있겠는가?

결론 | 이스라엘은 하나님이 주신 사명을 감당하지 못했지만, 하나님의 구원계획은 예수 그리스도를 믿고 순종하는 제자들을 통해 이어진다. 그리스도인은 모든 민족을 제자 삼는 일에 헌신함으로 하나님의 구원계획에 적극적으로 동참해야 한다.

Article

10

하나님의 구원계획 3

릭 제임스(Rick James)

메시아의 오심

지금까지 우리는 이스라엘을 통한 하나님의 구원계획을 살펴보았다. 그러나 이스라엘은 복의 통로의 사명을 감당하지 못했다. 하나님은 메시아를 보내시며 그들이 순종할 수 있는 마지막 기회를 주셨다.

메시아로 오신 예수님은 약 3년 반 동안 이스라엘에게 하나님의 나라를 열심히 선포하시며 그들이 돌이킬 수 있는 기회를 주셨다. 그러나 소수의 경건한 자들만이 회개하고 복음을 믿었다. 예수님이 죽음을 앞두고 예루살렘을 향해 가실 때 이스라엘에 대한 심판의 비유들을 말씀하신 것을 볼 수 있다.

> 이르시되 어떤 사람이 큰 잔치를 베풀고 많은 사람을 청하였더니 잔치할 시각에 그 청하였던 자들에게 종을 보내어 이르되 오소서 모든 것이 준비되었나이다 하매 다 일치하게 사양하여 한 사람은 이르되 나는 밭을 샀으매 아무래도 나가 보아야 하겠으니 청컨대 나를 양해하도록 하라 하고 또 한 사람은 이르되 나는 소 다섯 겨리를 샀으매 시험하러 가니 청컨대 나를 양해하도록

하라 하고 또 한 사람은 이르되 나는 장가 들었으니 그러므로 가지 못하겠노라 하는지라 종이 돌아와 주인에게 그대로 고하니 이에 집 주인이 노하여 그 종에게 이르되 빨리 시내의 거리와 골목으로 나가서 가난한 자들과 몸 불편한 자들과 맹인들과 저는 자들을 데려오라 하니라 종이 이르되 주인이여 명하신 대로 하였으되 아직도 자리가 있나이다 주인이 종에게 이르되 길과 산울타리 가로 나가서 사람을 강권하여 데려다가 내 집을 채우라 내가 너희에게 말하노니 전에 청하였던 그 사람들은 하나도 내 잔치를 맛보지 못하리라 하였다 하시니라 (눅 14:16~24)

이 잔치 비유는 사실상 이스라엘을 향한 하나님의 최후통첩이다. 만일 이스라엘이 회개하지 않고 메시아를 받아들이지 않는다면, 하나님의 나라가 확장될지라도 이스라엘을 통해서는 아닐 것이다. 이스라엘이 거부한다면 하나님과 그의 나라에 대한 복음은 이스라엘을 건너 뛰어 이방 민족들에게 전달될 것이고, 그들 중 이를 받아들이는 자들이 있을 것이다. 이스라엘의 관점에서 볼 때, 이방인들이 하나님의 잔치에 참여한다는 것은 충격적인 일이며 자신들이 초청명단에서 제외된다는 것은 더욱 이해할 수 없는 일이었다. 하나님이 완악한 이스라엘을 고치시기 위해 직접 찾아오신 것 외에 무엇을 더 하실 수 있었을까? 아무것도 없었다!

예수님의 지상 사역이 끝나면서 열방에 대한 축복의 통로로서 이스라엘에 대한 소망 역시 끝났다. 더 이상의 간청도, 비유도, 초대도 없었다. 오직 이스라엘에 임박한 심판과 거절에 대한 선언만 있을 뿐이었다.

이튿날 그들이 베다니에서 나왔을 때에 예수께서 시장하신지라 멀리서 잎사귀 있는 한 무화과나무를 보시고 혹 그 나무에 무엇이 있을까 하여 가셨더니 가서 보신즉 잎사귀 외에 아무 것도 없더라 이는 무화과의 때가 아님이라 예수께서 나무에게 말씀하여 이르시되 이제부터 영원토록 사람이 네게서 열매를 따 먹지 못하리라 하시니 제자들이 이를 듣더라 그들이 예루살렘에 들어가니라 예수께서 성전에 들어가사 성전 안에서 매매하는 자들을 내쫓으시며 돈 바꾸는 자들의 상과 비둘기 파는 자들의 의자를 둘러 엎으시며 아무나 물건을 가지고 성전 안으로 지나다님을 허락하지 아니하시고 이에 가르쳐 이르시되 기록된 바 내 집은 만민이 기도하는 집이라 칭함을 받으리라 고 하지 아니하였느냐 너희는 강도의 소굴을 만들었도다 하시매 ... 그들이 아침에 지나갈 때에 무화과나무가 뿌리째 마른 것을 보고 베드로가 생각이 나서 여짜오되 랍비여 보소서 저주하신 무화과나무가 말랐나이다 (막 11:12~21)

예수님은 이스라엘을 상징하는 무화과나무를 보고 열매를 찾으셨지만 열매는 없었다. 마찬가지로 이스라엘 예배의 중심인 성전에서도 영적인 열매를 찾을 수 없었다. 하나님은 유대인들에게 이방 민족들도 와서 여호와를 알 수 있도록(렘 31:34) 성전 안에 '이방인의 뜰'이라 불리는 특별한 구역을 두라고 명령하셨다. 그러나 이방인의 뜰이 원래 기능을 잃어버리고 시장터로 변해버린 것을 보시고 예수님은 성전이 "만민이 기도하는 집"이라는 것을 말씀하시며 책망하셨다(막 11:17). 본질을 잃어버린 성전은 사명을 잃어버린 이스라엘의 모습을 나타낸다.

이스라엘은 열매 없는 무화과나무처럼 모든 민족에게 하나님의 영광을 선포하는 일에 무용지물이 되었다. 열매 없는 나무는 버려질 따름이다. 복

음은 모든 민족에게 전파될 것이며 새로운 도구, 즉 예수님의 제자들, 교회, 새로운 이스라엘이 그 역할을 할 것이다.

지상명령

예수님은 부활하신 후 제자들에게 마지막으로 다음과 같이 말씀하셨다. 이것은 제자들에게 주신 유언이자 최고의 명령이었다.

> 예수께서 나아와 말씀하여 이르시되 하늘과 땅의 모든 권세를 내게 주셨으니 그러므로 너희는 가서 모든 민족을 제자로 삼아 아버지와 아들과 성령의 이름으로 세례를 베풀고 내가 너희에게 분부한 모든 것을 가르쳐 지키게 하라 볼지어다 내가 세상 끝날까지 너희와 항상 함께 있으리라 하시니라 (마 28:18~20)

만일 당신이 예수님의 제자였다면 다음과 같은 것들이 궁금했을 것이다. "메시아가 오셨으니 이제 무슨 일이 일어날 것인가?" "하나님이 이스라엘을 거절하셨는데 복의 통로 역할은 누가 감당할 것인가?" "이스라엘이 제외된 구원계획은 이제 어떻게 전개될까?" 예수님은 이 질문들에 대답하셨으며 하나님의 구원계획은 여전히 유효하다고 분명히 말씀하셨다. 마태복음 28:18~20의 지상명령은 다음과 같은 내용을 포함하고 있다.

- 그의 제자들은 예루살렘뿐만 아니라 모든 민족을 향해 가야 했다.
- 사명을 완수하기 위한 모든 권세는 세상의 왕에게 있지 않고 예수님에게 속한 것이었다.
- 하나님의 나라는 이스라엘처럼 지정학적인 장소를 나타내는 것이 아니라 영적인 나라이다.
- 하나님 나라를 확장하는 책임은 이스라엘에서 교회로 넘어갔다.
- 하나님 나라는 모든 민족으로부터 온 사람들로 이루어지게 될 것이다.

예수님은 그의 제자들을 부르셔서 지상명령을 주심으로 그분의 구원계획에 참여하게 하신다. 그들은 모든 민족에게 복음을 선포하면서 하나님의 나라를 온 세상에 확장해야 한다. 이스라엘의 복의 통로의 역할이 교회에 의해 대체된 것이다.

Rick James, *Mission Impossible: The Plot of History and the Drama of Today*(Critical Concept Series, Volume 1, 2008).

로마
마게도니아
에베소

11

미션 임파서블 4

사도들:
지속되는 구원계획

(사도행전 1~28장)

하나님의 구원계획은
성령의 능력을 받은
사람들을 통해 지속된다.
이 과에서는 사도들이
예루살렘을 넘어 땅 끝까지
주님의 증인이 되는 것을
살펴보게 된다.

하나님은 아브라함의 자손을 통해 온 인류를 구원하시고자 했으나 이스라엘은 지속적으로 불순종하여 구원의 통로 역할을 감당하지 못했다. 예수님이 오신 후 구원의 통로의 역할은 아브라함처럼 믿고 순종하는 제자들에게 맡겨졌다. 이 과에서는 사도들과 제자들이 예수님께 위임받은 사명을 어떻게 이루어 가는지 살펴보게 된다.

도입 | 만약 바울이 오늘날의 교회를 방문한다면 어떤 생각을 하게 될지 나눠보라.

사도행전

사도행전은 누가가 데오빌로에게 보낸 누가복음의 후편이다(눅 1:3; 행 1:1). 저작 시기는 네로 황제의 기독교 박해(A.D. 64년)에 대한 언급이 없는 것으로 보아 A.D. 61~63년경으로 추측된다.
사도행전은 예수님의 승천 이후 성령의 권능을 받은 제자들이 예수님의 말씀(행 1:8)에 순종하여 예루살렘(1~7장)과 유다와 사마리아(8~12장)를 넘어 로마제국 전역(13~28장)에 복음을 전하는 내용을 기록하고 있다. 누가는 당시 로마제국의 속국이었던 이스라엘에서 시작된 복음이 로마제국 전역에 전파되어 교회가 세워지는 과정을 통해 복음의 역동성과 생명력을 드러낸다.

예루살렘에서의 복음 증거

1. 예수님은 승천하시기 전 사도들에게 예루살렘을 떠나지 말고 "아버지께서 약속하신 것"을 기다리라고 명령하셨다. 아버지께서 약

속하신 것은 무엇이며 왜 기다리라고 하셨는가? (1:4~8)

2. 오순절에 성령께서 각 제자들 위에 임하신 사건을 구체적으로 묘사해 보라. 이 사건의 의미는 무엇인가? (2:1~21; 참고 창 11:1~9; 계 7:9)

오순절에 많은 사람이 모여 있었던 이유

오순절은 유대인의 3대 절기(유월절, 오순절, 초막절) 중 하나로 칠칠절, 맥추절이라고도 불린다(레 23:15~21). 3대 절기에는 각 지역에 흩어져 있던 유대인들 및 유대교 개종자들이 예루살렘의 성전에 와서 예배를 드렸기 때문에 각국에서 온 많은 사람들이 자신들의 언어로 하나님의 큰 일을 들을 수 있었다.

3. 성령의 충만함을 받은 사도들과 제자들에게는 어떤 변화가 일어났는가?

* 2:14, 37~41; 4:13

* 2:43; 4:16

* 2:44~47; 4:32~35

성령의 권능을 받은 사도들이 담대하게 복음을 전하자 많은 사람들이 예수님을 믿게 되었다. 복음으로 변화된 사람들은 예루살렘과 온 유대와 사마리아를 넘어(8장) 이방 지역까지 복음을 전했다. 그 결과 안디옥에 최초의 이방인 교회가 세워진다.

예루살렘을 넘어선 복음 증거

4. 최초의 이방인 교회인 안디옥 교회는 어떻게 세워졌으며 복음이 땅 끝까지 전해지는데 어떤 역할을 했는가? (11:19~26; 13:1~5, 44~49)

안디옥 교회의 다양한 지도자들(행 13:1)

안디옥 교회에는 바나바와 바울을 비롯하여 다양한 출신의 지도자들이 있었다.

* 니게르라 하는 시므온: '니게르'는 흑인을 지칭한다.
* 구레네 사람 루기오: 아프리카 북서쪽 지역 구레네 출신의 사람이다.
* 분봉왕 헤롯의 젖동생 마나엔: 당시 갈릴리 지역을 통치했던 분봉왕 헤롯 안디바(안티파스)와 함께 양육을 받아 매우 친한 사이였다.

5. 복음은 세 번에 걸친 바울의 전도여행을 통해 로마제국 전 지역으로 확장되어갔다. 다음은 바울의 전도여행 경로이다. 바울이 전도한 도시와 지역을 순서대로 선을 그어 연결해 보라.

* 출발점과 도착점이 되는 안디옥은 수리아 지역의 안디옥을 말한다.
* **1차 전도**(13:4~14:28): 안디옥-실루기아-살라미와 바보(구브로섬)-버가-안디옥(비시디아)-이고니온-루스드라-더베-루스드라-이고니온-안디옥(비시디아)-버가-앗달리아-안디옥
* **2차 전도**(15:36~18:22): 안디옥-더베-루스드라-갈라디아-브루기아-무시아-드로아-네압볼리-빌립보-암비볼리-아볼로니아-데살로니가-베뢰아-아덴-고린도-겐그레아-에베소-가이사랴-안디옥
* **3차 전도**(18:23~21:16): 안디옥-갈라디아-브루기아-에베소-빌립보-헬라(데살로니가-베뢰아-아덴-베뢰아-데살로니가-빌립보)-드로아-앗소-미둘레네-기오-사모-밀레도-고스-로도-바다라-두로-돌레마이-가이사랴-예루살렘

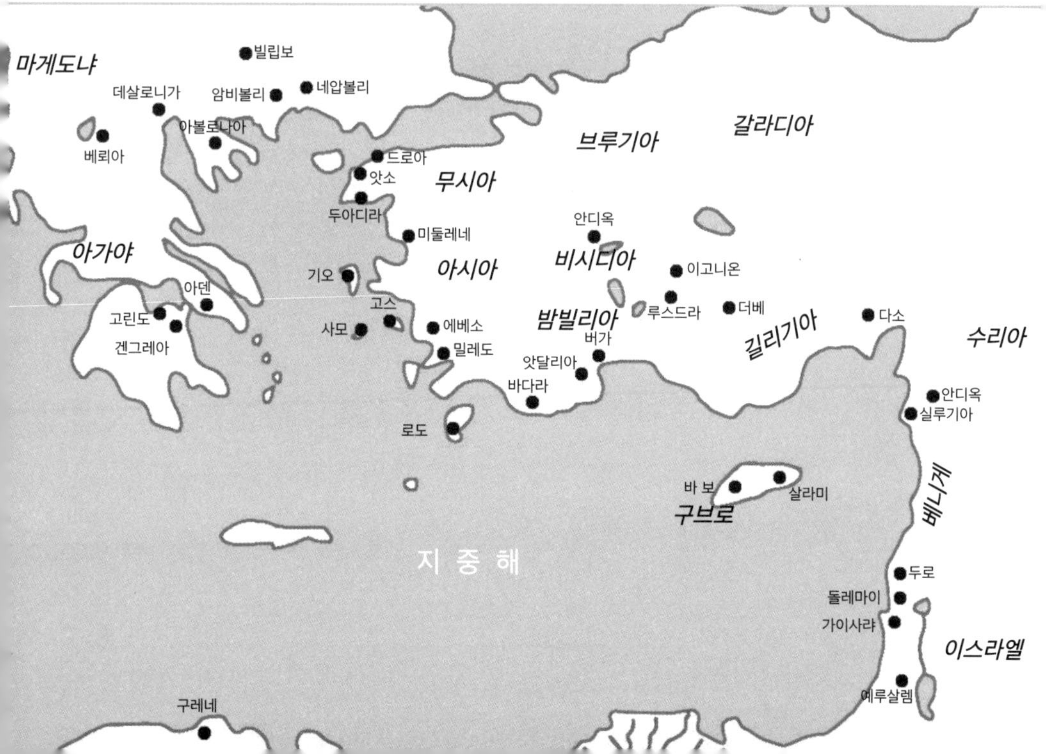

6. 바울이 3차 전도여행을 마무리하면서 예루살렘으로 가기 전에 에베소 장로들에게 전한 말씀을 읽어보라. 바울은 어떻게 헌신했으며 이와 같이 헌신할 수 있었던 이유는 무엇인가? (20:17~27)

적용 | 사도들은 성령의 능력을 의지하며 삶의 모든 영역에서 그리스도의 증인된 삶을 살았다. 당신은 성령을 의지할 때와 당신의 힘으로 살아갈 때 어떤 차이를 경험했는가? 한 주 동안 그리스도의 증인으로 살기 위해 성령의 능력이 필요한 영역을 서로 나누고 기도하라.

결론 | 성령의 능력을 받은 사도들은 목숨도 아끼지 않는 믿음과 헌신으로 예루살렘을 넘어 땅 끝까지 주님의 증인이 되었다. 그리스도인은 성령의 능력을 의지하여 하나님의 구원계획에 동참하는 복음의 증인으로 살아야 한다.

Article

11

하나님의 구원계획 4

릭 제임스(Rick James)

사도행전

우리는 예수님이 제자들에게 땅 끝까지 복음을 전하라는 명령을 주신 후 서둘러 그들을 세상으로 보내셨을 것이라고 생각할 수 있다. 그러나 놀랍게도 예수님은 그들에게 어디에도 가지 말고 예루살렘에서 기다리라고 말씀하셨다.

> 사도와 함께 모이사 그들에게 분부하여 이르시되 예루살렘을 떠나지 말고 내게서 들은 바 아버지께서 약속하신 것을 기다리라…. 오직 성령이 너희에게 임하시면 너희가 권능을 받고 예루살렘과 온 유대와 사마리아와 땅 끝까지 이르러 내 증인이 되리라 하시니라 (사도행전 1:4, 8)

제자들이 예루살렘에서부터 복음을 전파하여 4세기 초반에 로마제국 전체가 예수 그리스도의 복음을 들었다는 것은 역사적 사실이다. 교육을 받지 못한 어부가 대부분인 제자들이 이 일을 성취할 가능성은 얼마나 됐을까? 거의 불가능했다. 이 불가능한 임무를 수행하기 위해 제자들은 예수님의 능력이 필요했다. 그래서 그들은 성령이 임할 때까지 기다리라는 예수님의 말씀에 순종해야 했다. 마침내 사도들이 약속하신 권능을 받게 되는 모습이 사도행전 2장에 기록되고 있다.

> 오순절 날이 이미 이르매 그들이 다 같이 한 곳에 모였더니 홀연히 하늘로부터 급하고 강한 바람 같은 소리가 있어 그들이 앉은 온 집에 가득하며 마치 불의 혀처럼 갈라지는 것들이 그들에게 보여 각 사람 위에 하나씩 임하여 있더니 그들이 다 성령의 충만함을 받고 성령이 말하게 하심을 따라 다른 언어들로 말하기를 시작하니라 (행 2:1~4)

오순절 사건은 하나님께서 인간의 말을 혼잡하게 하셨던 바벨탑사건의 역전이라 할 수 있다. 즉, 여러 언어를 사용하는 백성들이 하나님을 찬양하는 한 나라를 이루는 사건이라 할 수 있다. 이것은 세상 나라들이 하나님의 나라 안으로 들어오는 것을 상징하는 것이었다. CCC 설립자인 빌 브라이트(Bill Bright) 박사는 성령께서 선교를 위해 능력을 주시는 것에 대해 다음과 같이 말한다.

> 초대 그리스도인들은...우리와 똑같이 평범한 사람들이었고 연약한 사람들이었음을 알 수 있다. 그들이 우리들과 다른 것이 있다면 두 가지 점을 들 수 있다. 첫째, 그들은 죽음을 이기시고 부활하신 주님께서 그들의 마음 중심에 계시며, 이 땅을 다스리시기 위해 다시 오실 것이라는 강한 확신을 갖고 있었다. 둘째, 그들은 에베소서 5:18의 명령대로 성령 충만을 받았다. 오늘날도 그리스도인들이 부활하시고 다시 오실 주님께 헌신하고 성령의 능력과 지배를 받게 되면, 초대 교회와 마찬가지로 세계를 뒤흔들 영적 혁명을 일으킬 수 있다. (TC 7권『지상 명령 성취를 돕는 방법』, pp.15~16)

사도행전은 오순절의 성령 강림에 대해 기록한 이후 제자들이 지상명령을 성취하기 위해 모든 민족에게 복음을 전하는 여정을 기록하고 있다. 신약시대가 끝날 무렵(대략 1세기 말) 복음이 아시아 일부와 유럽의 동, 서,

남부 지역과 아프리카 북부까지 로마제국의 거의 전역에 전해졌다.

선교 핸드북

사도행전은 복음이 지역에서 지역으로, 국가에서 국가로 퍼져 나가는 과정을 기록하고 있는데, 이는 선교사의 사역을 위한 지침서이기도 하다. 2천 년 동안 교회, 선교사, 목회자, 선교단체 및 신학교들은 세계 복음화에 관한 모델과 교과서로 이 책을 공부했다. 그러므로 우리도 이 과에서 사도행전을 공부하면서 선교의 중요한 원리들을 발견할 수 있을 것이다.

복음 전도

제자들이 낯선 마을에 들어가서 복음을 전하는 모습을 상상할 때 당신은 어떤 생각이 드는가? 지금도 그렇지만 당시에도 낯선 마을에 들어가 십자가에 못박힌 예수님이 세상의 구주라고 말하는 것이 이상하고 힘들었을 것이다. 성령의 능력을 힘입었을지라도 제자들은 방문한 도시마다 그 사람들의 상황에 맞게 복음을 선포하기 위한 방법을 신중하게 모색해야만 했다. 그들에게 성령을 주신 것은 지혜를 대신하려는 것이 아니라 지혜에 생명을 불어넣어 더욱 풍성하게 하시기 위함이었기 때문이다.

사도 바울은 새로운 도시에 갔을 때 그곳에 있는 회당에서 우선적으로 복음을 전했다. 이는 지혜로운 생각이었다. 회당에서는 성경에 익숙할 뿐 아니라 심지어 메시아를 기다리는 유대인을 만날 수도 있고, 또한 성령을 받지는 않았지만 영적으로 열린 유대교로 개종한 이방인들도 만날 수 있었다. 랍비이자 학자였던 바울이 회당에서 말씀을 전했을 때, 많은 경우 회중들이 난폭하게 그를 내쫓았지만 그 중에서 몇몇 사람들이 마음을 열고 복음을 믿었다. 이러한 초기 모임들에서 바울의 설교와 성령의 확신으로 각 도시의 첫 회심자가 생기게 되었다. 바울의 전도로 믿게 된 새 신자들은 회당에서 더 이상 환영 받지 못하는 바울에게 자신들의 집을 모임 장소로 제공했을 뿐 아니라 즉시 친구와 가족들에게 복음을 전했고 사도들의 메시지를 들을 수 있도록 그들을 가정모임에 초대했다.

복음이 오랜 세월을 거쳐 도시에서 도시로 전해지는 과정에서 세 가지 전도방식을 보게 된다. 첫째, 대중들을 향한 복음 선포가 있었다. 둘째, 새 신자가 자신의 친구와 가족들에게 복음을 전하는 관계전도가 있었다. 셋째, 교회의 조직적인 전도가 있었다. 즉 불신자들을 교회 예배, 성경공부, 기도회와 같은 그리스도인들의 모임에 참여하도록 초대했다.

선교사들

초대교회의 사람들은 모두 다양한 방식으로 선교에 참여했다. 사도 바울이나 베드로와 같은 전임 선교사는 복음을 전파하고 교회를 세우는 데 주력했다. 빌립, 마가, 누가와 같은 단기 선교사들은 주님이 인도하시는 대로 필

요에 따라 선교 사역에 뛰어 들었다. 그 외의 사람들은 평신도 선교사로 삶과 그들의 일터에서 복음을 전하거나 사역을 위해 재정을 공급했다. 교회 공동체의 모든 구성원들은 하나님 나라 확장에 어떤 방법으로든지 기여했다.

재정

선교 사역을 수행하려면 재정이 필요하다. 더구나 큰 프로젝트의 사역은 많은 재정이 필요하다. 세계적인 호텔과 엔터테인먼트 기업인 MGM은 리조트와 카지노 사업에 8조원 정도를 투자했다. 휴양과 오락시설에 8조원을 투자할 가치가 있다면, 하나님의 나라를 건설하는 일은 얼마나 큰 투자 가치가 있겠는가? 일반적으로 투자금의 규모는 그 사업의 규모와 비례한다.

사도행전은 하나님의 나라 확장이라는 거대한 프로젝트를 수행하는데 필요한 재정이나 예산의 어려움들에 대해서는 많이 소개하지 않는다. 그러나 신약성경의 서신서를 주의 깊게 읽어 보면, 선교를 위해 재정을 모금한 내용이 나온다.

초기 선교사들 중 일부는 그들이 개척한 교회에 재정적인 부담을 주지 않기 위해 부업으로 일자리를 구하기도 했다. 바울도 텐트를 만들며 선교비용을 마련했다. 그렇지만 고린도전서 9:14에서는 하나님 나라의 확장을 위한 선교사역에 삶을 바친 선교사들은 복음을 전하는 일로 먹고 살 수 있다고 말한다. "이와 같이 주께서도 복음 전하는 자들이 복음으로 말미암아 살리라 명하셨느니라"(고전 9:14). 선교 사명은 선교사와 후원자 모두의 헌신을 필요로 한다.

우리는 구약과 신약에 나타난 하나님의 구원계획을 살펴보았다. 다음 과에서는 사도행전 이후에 이어지는 하나님의 구원계획을 살펴볼 것이다. 이 그림을 완성하기 위해 필요한 것은 우리가 어디까지 왔는가를 아는 것이다.

우리는 예수님께서 주신 사명을 끝내가고 있는가? 얼마나 많은 사람들이 예수님에 대해 더 들어야 하는가? 온 세상에 천국복음이 전파될 때까지 얼마나 걸릴 것인가?

Rick James, *Mission Impossible*: *The Plot of History and the Drama of Today*(Critical Concept Series, Volume 1, 2008).

1958
2020

12

미션 임파서블 5

우리: 복음의 마지막 주자

(디모데후서 2:2; 마태복음 24:14; 요한계시록 7:9~17)

복음이 땅 끝까지 전해지면
주님이 다시 오실 것이다.
이 과에서는 우리가 사도들에 이어
땅 끝까지 복음을 전할
다음 주자라는 것을 배우게 된다.

하나님은 아브라함의 자손을 통해 온 인류를 구원하시고자 했으나 혈통적 후손인 이스라엘은 지속적으로 불순종하여 복의 통로 역할을 감당하지 못했다. 예수님이 오신 후 믿음으로 순종하는 제자들에게 복의 통로의 사명이 주어졌고 그들은 땅 끝까지 복음을 전하기 위해 목숨도 아끼지 않았다. 이제 지상명령 성취를 위한 다음 주자는 누구이며 그 사명을 이어받은 자들은 어떻게 순종해야 하는지 살펴보게 된다.

도입 | 당신은 언제 예수님의 지상명령을 처음 들었는가? 지상명령은 당신의 삶에 어떤 변화를 가져왔는가?

지상명령 성취의 다음 주자

1. 사도들과 바울은 지상명령에 순종하여 역동적으로 복음을 전했다. 땅 끝까지 복음을 전하라는 사명은 이제 누구에게 맡겨졌는가? (딤후 2:2)

2. 주님의 지상명령을 따라 복음이 땅 끝까지 전해지면 어떤 일이 일어나겠는가? (마 24:14; 참고 마 24:3)

3. 요한계시록 7:9~17을 볼 때 어떤 사람들이 하나님을 찬양하고 있는가? 우리는 이 장면을 통해 하나님이 아브라함에게 주신 약속에 대해 어떤 기대와 확신을 가질 수 있는가?

지상명령 성취를 위한 전략

4. 사도들에 이어 그리스도인들이 땅 끝까지 복음을 전하기 위해 힘쓴 결과, 현재 전 세계 2/3정도의 지역에 복음이 전해지고 확산됐다. 이렇게 되기까지 어떤 선교전략들이 사용되었는가?

5. 지도를 볼 때 여전히 선교적 도움이 절실하게 필요한 지역은 어디인가? 그 지역에 복음을 전하는 데 어떤 어려움이 있는가?

6. 오늘날 우리는 기술의 발전으로 이전 세대보다 더욱 효과적으로 복음을 전할 수 있게 되었다. 5번에서 다룬 어려움을 극복하고 미전도 종족에게 복음을 전하기 위한 창의적인 전략을 세워보라. 그것을 위해 당신이 가진 자원과 은사를 어떻게 활용할 수 있겠는가?

적용 | 아브라함에게 약속하신 하나님의 구원계획은 성취 불가능해 보일 만큼 거대한 계획이었지만 사도들의 믿음과 헌신을 통해 전 세계로 전해졌고 우리에게까지 이르렀다. 지상명령 성취를 돕기 위해 지금 당신이 시작할 수 있는 일은 무엇인가?

결론 | 모든 민족을 위한 하나님의 구원계획은 반드시 완성될 것이다. 지상명령 성취의 다음 주자인 우리는 다양한 선교전략을 세우고 자신의 자원과 은사를 활용하여 땅 끝까지 복음을 전하는 일에 적극적으로 참여해야 한다.

Article

12

하나님의 구원계획 5

릭 제임스(Rick James)

우리는 어디까지 왔는가?

얼마나 많은 사람들이 복음을 들었을까? 유감스럽지만 어떤 조사도 이 질문에 정확한 답을 줄 수 없다. 그럼에도 우리에게 좀 더 정확한 대답이 필요하다. 복음을 들은 사람이 얼마나 되며 듣지 못한 사람은 얼마나 되는지 알지 못한다면 어떻게 모든 사람에게 복음을 전할 수 있겠는가?

얼마나 많은 나라들이 아직도 복음을 듣지 못했는지 숫자로 제시하는 것은 여러 가지 면에서 까다로운 일이다. '국가'라고 할 때 나라, 언어, 종족 그룹 중에 어떤 것을 의미하는가? 세계적으로 UN 가입 국가는 193개국(2017년 기준)이며 16,000여 종족이 있다. 그리고 한 나라가 복음을 접하게 되었다고 말할 때, 그것은 기독교 라디오 방송을 청취할 수 있는 범위 안에 있다는 것을 의미하는가? 아니면 그들의 언어로 번역된 성경을 가지고 있다는 것인가? 또는 사람들이 다닐 수 있는 거리에 교회가 있다는 말인가? 그렇다! 정확한 통계를 제시하는 것은 어려운 일이 아니라 아예 불가능한 일이다. 그렇지만 우리가 앞에 놓인 과업에 대해 전반적인 그림을 그릴 수 없다는 것을 의미하는 것은 아니다.

모든 사람이 들을 수 있도록 전 세계에 복음의 메시지를 선포하려면, 먼 곳까지 돌아 다녀야 했을 것이다. 최근 수십 년 동안 기술의 발전으로 실제로 먼 거리를 정신없이 돌아다니며 복음을 전할 수 있었다. 복음이 얼마나 많이 전해졌는지 알 수 있는 도구는 아마도 CCC에서 누가복음을 영화로 만든 "예수 영화"일 것이다. 이 영화는 1,000개 이상의 언어로 번역되어 현재까지 60억 명의 사람들이 이 영화를 보았고 그 중 2억 명의 사람들이 예수님을 믿겠다고 결심했다. 세계 인구가 75억 명 정도이므로 이것은 경이로운 성취가 아닐 수 없다.

전 세계에는 현재 7,099개의 언어가 있으며, 언어학자들은 21세기에는 3,500개 정도의 언어들이 사라질 것이라고 한다. 세계화가 진행되면서 2주일마다 1개씩의 언어가 사라지고 있다(ethnologue.com). 지금까지 2,400개의 언어로 성경 전체 또는 일부가 번역되었으며, 성경이 CD나 카세트 테이프, MP3 등의 음성으로 녹음되어 있는 언어는 4,037개이다. 전 세계의 언어 중 복음이 번역되지 않은 언어는 단지 3% 뿐이다.

기술 발전과 세계화를 감안할 때, 아마도 30년 내지 50년 안에 복음이 모든 사람들에게 다 전해질 것이며 그때까지도 복음을 알지 못하는 사람이 있다면 그것은 우리들의 책임일 것이다. 그때까지 살아서 지상명령을 성취하는 일에 참여하는 것은 특권이다. 예수께서 지상명령을 주신 이후 살아왔던 모든 세대 가운데 오직 우리만이 지상명령을 성취하는 시대에 살게 되는 것이다.

미전도 종족들

하나님의 나라를 모든 나라들에 확장시켜야 할 책임이 우리에게 주어졌다. 하나님이 우리에게 기대하시는 것을 감당하기 위해 우리는 충성스런 청지기가 되어야 한다. 이를 위해 선교 기관들은 각 종족 그룹마다 역동적인 교회를 세우는 것을 목표로 정했다. 모든 종족 그룹마다 역동적인 교회를 세우는 일은 이 세상에 살고 있는 모든 사람들을 식별 가능한 종족 특성에 따라 최소한으로 세분화하는 것이며(대략 16,000개 정도) 그 세분화된 곳에 교회를 세우는 것이다.

최근의 통계 자료들에 의하면, 전 세계 약 40%의 종족 그룹에는 확실한 그리스도인들이 존재하지 않는다고 한다. 우리는 그들을 '미전도 종족'이라고 부르며, 이는 자기 종족에 복음을 전하는데 최소한으로 필요한 2%의 토착 기독교 신자들의 공동체가 없는 종족들이다.

흥미롭게도 이들 종족의 대부분은 북위 10도에서 40도 사이의 북아프리카, 중동 그리고 아시아 지역에 위치해 있기 때문에 "10/40 창문지역"(the ten/forty window)이라고 부른다. 이들에 대한 통계는 다음과 같다.

· 가장 큰 미전도 종족은 일본인이며, 인구수는 1억2천만 명이다.
· 이슬람교도가 대부분인 종족의 수는 3,276개이며 약 18억 명이다.
· 힌두교도가 대부분인 종족의 수는 2,426개이며 약 10억 명이다.
· 불교도가 대부분인 종족의 수는 555개이며 약 3억7500만 명이다.

다른 지역에도 미전도 종족이 있지만, 당신이 복음의 개척자로서 최전선에 서기를 원한다면 북위 10도에서 40도 사이의 어떤 나라로 갈 것인지 생각해 보아야 한다. 그곳에 복음을 전하는 것이 시급하기 때문이다.

대학생

전 세계를 향한 하나님의 구원계획에서 우리와 직접 관련을 갖는 마지막 장을 살펴볼 때 선교학자 데이비드 하워드(David Howard)의 말을 잊지 말아야 한다.

> 역사상 우리의 교회들은 전 세계를 향한 책임을 감당하지 못하고 자주 무기력에 빠졌다. 그러나 하나님께서는 항상 증거할 사람들을 일으키셨다. 진젠도르프, 사무엘 밀스, C. T. 스터드, 존 모트, 짐 엘리엇, 또는 우리가 이름을 알 수 없는 사람들이든 하나님께서는 교회에 당신의 뜻을 알릴 사람들을 세우셨다. 그런데 하나님이 일으키셨던 그 사람들은 대부분 대학생들이었다.[1]

어떤 면에서 이것은 그렇게 놀랄 일이 아니다. 성경의 위대한 인물인 다니엘, 요셉, 다윗, 기드온, 사무엘, 솔로몬, 요시아도 사춘기를 갓 지난 때에 하나님의 부르심을 받았다. 물론 하나님께서 청년들을 부르시는 것과 대학교에 초점을 맞추고 사역을 하는 것은 별개의 일이다. 더구나 이제 대학 캠퍼스는 이 지구상에서 가장 무신론적인 사람들이 활동하는 장소이다. 따라서 하나님의 구원계획이 이런 세속적인 환경을 회피할 것이라고 생각하기

1) David Bryant, In the Gap (Ventura, CA: Regal, 1984), p. 97에서 재인용.

쉽다. 그러나 대학 캠퍼스는 동서남북, 모든 지역으로 복음과 하나님의 일꾼들을 보내는 선교사역의 중심 센터가 되어 왔다.

캠퍼스 사역은 어떤 한 개인이나 기관에서 고안해 낸 아이디어가 아니다. 하나님께서 지상명령 성취를 위해 500년 이상 대학과 대학생들을 사용해 오셨다.

종교개혁은 뷔텐베르그, 제네바, 취리히, 툴루즈의 대학 캠퍼스를 배경으로 일어났고, 17세기 경건주의 운동은 독일의 라이프치히, 뷔르텐부르그와 할레의 대학들에서 시작되었다. 미국의 영적 기반인 청교도는 하버드, 예일, 프린스턴, 다트머스 대학을 통해 그들의 가르침과 지도자훈련을 확산시켰다. 그리고 18, 19, 20세기의 영적 대각성 운동은 옥스퍼드 대학에서 태동되어 웨슬리와 휫필드 같은 대학생들이 이끌었고 대학을 통해 확산되었다. 교회 역사상 가장 위대한 선교사들이 배출된 것은 19세기 후반과 20세기 초반의 학생자원운동(Student Volunteer Movement)이었으며, 이를 통해 전 세계에 2만 명의 전임선교사가 파송되었다. 하나님이 캠퍼스사역 전략을 고안하셨으며 지금도 여전히 그 전략을 활용하여 지상명령을 이루어 가신다.

21세기 선교를 위한 환상적인 전략

선교사들에게 지상명령을 완수하는데 가장 필요한 자원이 무엇인지 물어본다면, 그들은 모두 "사람"이라고 대답할 것이다. 복음은 강력한 능력을 갖지만 자체 이동장비를 가지고 있지는 않기 때문에 사람을 통하여 전달되어야 한다. 그 중 대학생들을 중심으로 일으키시는 하나님의 선교계획에 대해 생각해 보자. 대학생들은 매년 3~4개월 가까운 여름방학을 갖는다. 이 방학기간 동안 대학생들은 단기선교를 통해 일시적이지만 막대한 기여를 할 수 있다.

많은 나라들 특히 "10/40 창문지역"에 있는 나라들은 일반적으로 선교사들의 접근이 금지되어 있다. 예를 들어 이슬람교 국가들은 전도자들의 입국을 환영하지 않는다. 그러나 학생비자를 가진 대학생들은 거의 모든 나라를 여행할 수 있고 그 나라의 대학에 쉽게 들어갈 수 있으며, 머물 곳을 제공받아 그곳을 사역을 위한 전초기지로 삼을 수도 있다.

대학생 인구는 대부분 그 나라 인구의 1% 미만이지만 그들은 매우 영향력 있는 사람들이다. 어느 나라에서든 1%의 대학생들이 종교, 스포츠, 군사, 사회, 정치, 과학계의 지도자들이 된다. 그러므로 캠퍼스를 복음화 하는 것은 그 나라 전체에 영향을 끼치기 때문에 대학을 선교의 이상적인 대상으로 삼게 된다.

마지막으로 중요한 장점이 하나 더 있다. 해외 선교에 있어 큰 장애물은 새로운 언어를 배우는데 시간이 많이 걸리는 것이다. 그러나 교육수준이 가장 높은 계층인 대학에서는 일반적으로 대학생들이 몇 가지 언어를 말할 수 있을 뿐만 아니라 대부분의 학생들이 영어를 어느 정도 말할 수 있기 때문에 언어라는 장벽이 없이 그들에게 쉽게 복음을 전할 수 있다.

몇 달 동안 헌신할 수 있는 대학생들이 학생비자로 미전도 국가에 들어간다면 언어장벽 없이 그리스도를 곧바로 전할 수 있을 것이다. 그리고 그 나라를 떠날 때 몇 명은 남아서 새 신자들을 계속 양육할 수도 있다. 참으로 환상적인 전략이 아닌가! 예수님은 지상명령을 염두에 두고 제자들에게 말씀하셨다. "추수할 것은 많되 일꾼이 적으니 그러므로 추수하는 주인에게 청하여 추수할 일꾼들을 보내 주소서 하라"(눅 10:2). 대학 캠퍼스는 이 기도에 대한 중요한 응답이 되었으며, 지상명령 성취를 위해 대학생들이 그 중심에 있다는 것은 두 말할 필요가 없을 것이다.

결론

이것이 하나님께서 지금까지 진행해 오신 일들이다. 그리고 이것이 역사와 성경과 또한 우리의 삶의 이야기이다. 지상명령 성취를 돕는 일에 참여하는 것은 그리스도를 따르는 제자들에게는 선택사항이 아니다. 우리가 해야 할 유일한 질문은 '그 일에 어떻게 또 어느 영역에서 참여할 것인가'이다.

Rick James, *Mission Impossible: The Plot of History and the Drama of Today*(Critical Concept Series, Volume 1, 2008).